유아교사를 위한

동요 반주법

임혜정 지음

도서출판 파란마음

머리말

노래 부르기 활동은 유아교육기관에서 흔히 경험하는 주된 음악 활동이다. 노래 부르기 활동에 있어서 반주의 역할은 매우 크다. 반주는 가락을 정확하게 들려주어 유아로 하여금 정확한 음으로 노래하도록 돕는 것은 물론 화성과 리듬감을 통하여 곡의 분위기를 살려주고 아름다움을 느끼게 하는 훌륭한 도구이다. 노래에서 가락이 몸의 뼈대라고 한다면 반주는 이를 꾸며주는 의복과 같다. 뼈대만 가지고 아름다움을 표현하기에는 빈약하며, 또 어떤 옷을 입느냐에 따라 분위기는 다양하게 표현될 수 있다. 그러므로 유아의 노래 부르기 활동에서 교사의 반주 능력은 매우 중요하다. 그러나 반주의 능력은 단기간에 갖추어질 수 있는 것이 아니므로 많은 연습을 통하여 기능을 익히고 방법을 터득하는 지속적이고 반복적인 노력이 필요하다.

유아교사를 꿈꾸는 유아교육과 학생들의 대부분은 사전에 반주를 위하여 준비된 경우가 아니므로 그들의 피아노 실기 능력은 매우 부족하며 이러한 현상은 과거 10여 년 전보다 점점 더 심하다. 과거 1980년대에 시작된 피아노 교육의 열풍이 2000년대 이후 영어, 수학 등의 교과학습으로 옮겨지면서 피아노 교육인구가 급감하고 일부 교육을 받은 학생들조차도 피아노 교육경험의 평균 기간이 과거 6~8년에서 2~4년 정도로 짧아지는 추세의 결과들이다.

반주의 능력은 단순히 악보를 보고 연주하는 것 이전의 음악적 능력을 요구한다. 리듬감과 음감을 가지고 악보를 정확히 읽는 능력, 정확한 템포감, 음자리표와 음표의 이해, 악상기호, 빠르기표 등에 대한 음악의 기초이론, 악보와 건반의 이해 등이 반주 능력을 기르는 데 기초가 된다. 또한 유아 동요의 반주는 대상이 유아이며 항상 유아들과의 실제 활동 속에서 이루어지는 것이므로 이러한 유아 동요의 반주 특성을 고려한 반주 요령을 터득할 필요가 있다. 그러므로 이들이 대학에서 경험하는 반주법 실기의 과정은 기초부터 단계적으로 다루어져야 하며 지속적이고도 체계적이어야 한다.

본 교재는 본인의 이러한 인식을 바탕으로 계획되었다. 이미 10여 년 전에 반주법 교재를 출간하였고 2007년에 대폭 수정하여 개정판을 출간하였으나 본 서는 시대적인 흐름과 요구를 민감하게 읽어내고 이에 부응하는 교재의 필요를 따라 최근 5년여 기간 동안 준비해온 결과물이다. 그러므로 본 서에서는 근 20년의 반주법 강의를 통한 경험을 바탕으로 하여 현 시대의 현장의 요구와 유아교육과 학생들의 수준을 진단하여 변화하는 시대의 요구에 대처하고 학습자의 실정에 맞는 효과적인 반주 능력을 배양할 수 있는 다각적인 방법들이 새로운 방식으로 모색되었다. 현재 우리나라 각 대학 유아교육과 교과과정에는 매학기 반주법 과정이 개설되어 있는 상황이 아니므로, 본 서는 음악의 기초가 없는 초보자의 경우라도 혼자서 반주 연습을 할 수 있도록 초보의 과정부터 자세한 설명과 더불어 반주의 예와 이에 따른 반주 실습의 과정을 많이 두도록 하였다.

이 책에 인용된 많은 동요 작가와 작곡자들은 진정한 이 책의 주인이다. 또한 반주의 능력을 갖추기 위하여 이 책을 활용하는 모든 이들이 이 책의 주인이다.

유난히 악보와 잔 설명이 많은 반주법 교재의 편집과정은 악보정사를 비롯하여 수고와 번거로움이 큰 게 사실이다. 그렇기 때문에 출판의 결정은 그리 쉬운 일이 아니지만 이러한 수고를 감수하고 기꺼이 출판을 허락해 주신 도서출판 파란마음의 황호철 사장님께 심심한 감사의 마음을 전하며 수고해 주신 여러분들께 진심으로 감사드린다.

흰 눈이 덮인 치악산을 바라보며 저자 씀

차례

1장 이론

2장 실기

부록

제 1 장

이 론

01 음악의 기초 이론

1) 음자리표와 건반

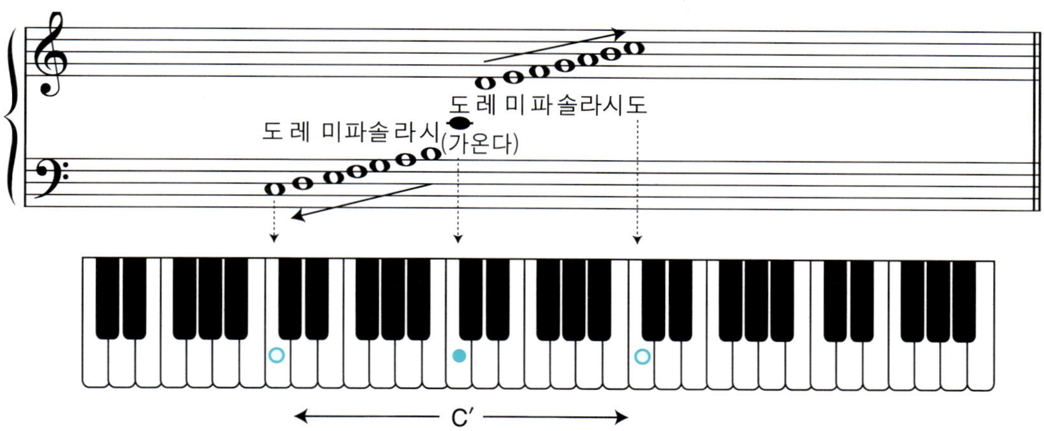

2) 음이름

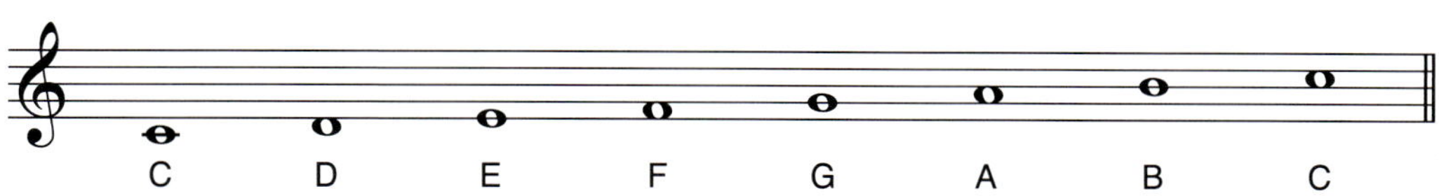

TEACHING POINT

사람마다 고유한 이름이 있듯이 음이름은 그 음의 고유한 이름으로 어떠한 경우에도 변하지 않는다. 위의 표기 방식은 영국과 미국식이나 대부분의 국가에서 일반적으로 통용된다. 음악에서 코드를 표기할 때 이 음이름을 사용한다. 음이름에 반해 계이름은 조표에 따라 항상 변한다.

3) 조성과 음계

(1) 다장조

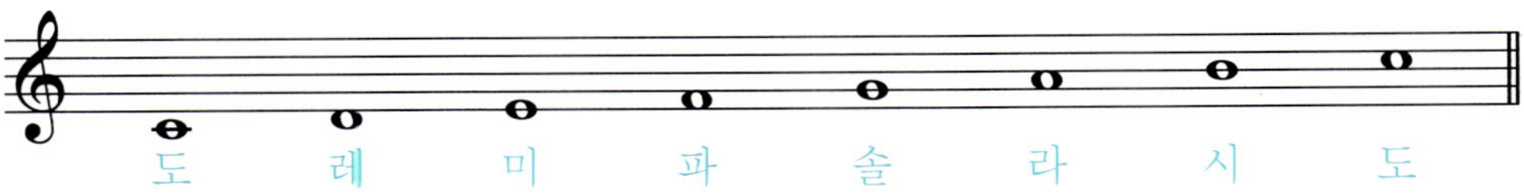

(2) ♯이 붙는 조

① ♯이 붙는 순서

파 –도 – 솔 – 레 – 라 – 미 – 시

② 조표에 따른 '도'의 위치

TEACHING POINT

♯이 붙는 조에서는 마지막 ♯ 바로 위 음이 '도'가 된다. 그러므로 마지막 ♯을 '시'로 읽으면 된다.

(3) ♭이 붙는 조

① ♭이 붙는 순서

시 –미 – 라 – 레 – 솔 – 도 – 파

② 조표에 따른 '도'의 위치

TEACHING POINT

♭이 붙는 조에서는 끝에서 두 번째 ♭ 음이 '도'가 된다. 계이름을 읽는 또 다른 요령은 마지막 ♭ 음을 '파'로 읽는 방법이다.

4) 음표와 쉼표

(1) 민음표

음표	쉼표	길이
온음표 𝅝	온쉼표 𝄻	4
2분 음표 𝅗𝅥	2분 쉼표 𝄼	2
4분 음표 ♩	4분 쉼표 𝄽	1
8분 음표 ♪	8분 쉼표 𝄾	1/2
16분 음표 𝅘𝅥𝅯	16분 쉼표 𝄿	1/4

(2) 점음표

점은 바로 앞 음표나 쉼표의 1/2의 길이이다. 그러므로 점음표나 점쉼표의 길이는 그 음표나 쉼표의 길이에 1/2에 해당되는 길이를 더하면 된다.

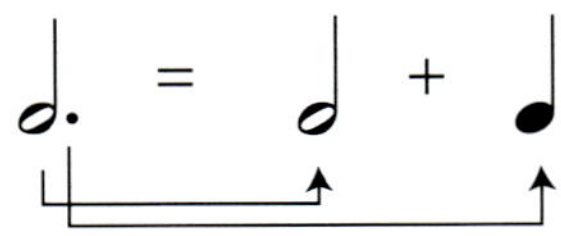

바로 앞 음표의 1/2

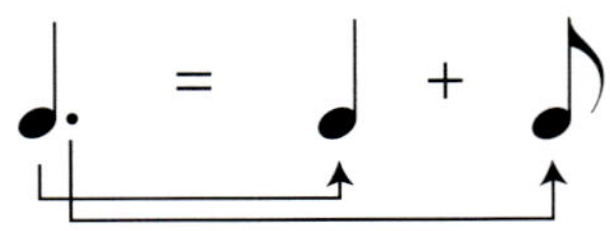

바로 앞 음표의 1/2

음표	쉼표	길이
점2분 음표	점2분 쉼표	3 (1박)
점4분 음표	점4분 쉼표	1과 1/2 (1박)

5) 박자

(1) 박자표

① 박자표 읽는 법 예시

$\frac{3}{4}$

3 ⟵ 한 마디 안에 들어 있는 박자의 수, 즉, 단위음표의 수

4 ⟵ 그 곡에서 한 박이 되는 음표의 이름, 즉, 단위음표의 이름

② 다양한 박자표의 설명

박자표	설명	예시
2/4	4분 음표(♩)가 한 박이 되며 한 마디 안에 ♩가 2개 만큼씩 들어 있다. 즉, 한 마디는 두 박이다.	
3/4	4분 음표(♩)가 한 박이 되며 한 마디에 ♩가 3개 만큼씩 들어 있다. 즉, 한 마디는 세 박이다.	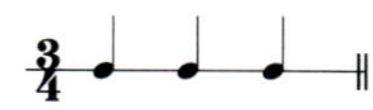
4/4	4분 음표(♩)가 한 박이 되며 한 마디에 ♩가 4개 만큼씩 들어 있다. 즉, 한 마디는 네 박이다. 4/4박은 C(Common time)로 표기하기도 한다.	
6/8	8분 음표(♪)가 한 박이 되며 한 마디에 ♪가 6개 만큼씩 들어 있다. 즉, 한 마디는 여섯 박이다. 그러나 6/8박자는 일반적으로 ♪를 3개씩 묶어서 큰 한 박으로 보아 한 마디를 큰 두 박으로 느끼며 연주한다. 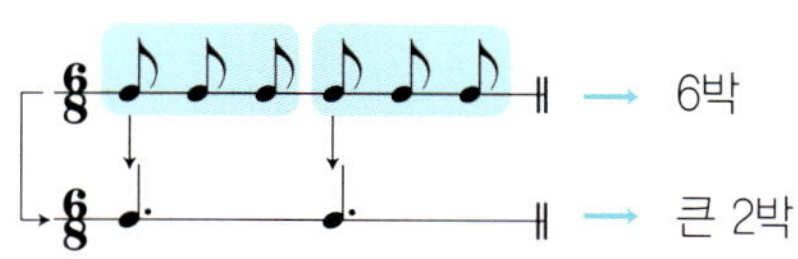 이렇게 3개의 음표를 묶어서 큰 한 박으로 하는 박자를 '겹박자'라고 한다.	
9/8	8분 음표(♪)가 한 박이 되며 한 마디에 ♪가 9개 만큼씩 들어 있다. 즉, 한 마디는 아홉 박이다. 그러나 6/8박자와 마찬가지로 9/8박자도 겹박자로 ♪를 3개씩 묶어 큰 한 박으로 보아 큰 세 박으로 느끼며 연주한다. 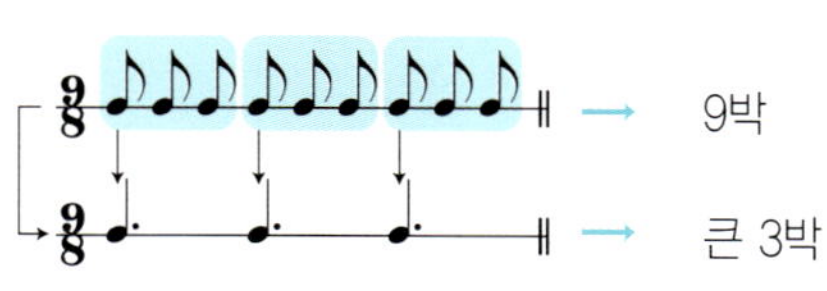 	

6) 갖춘마디와 못갖춘마디

(1) 갖춘마디

■ 노래가 시작되는 첫 마디가 박자표가 지니는 박 수를 모두 채운 경우

※ 외국곡 • **제목/** 곰 세 마리

(2) 못갖춘마디

■ 노래가 시작되는 첫 마디가 박자표가 지니는 박 수를 채우지 못한 경우

※ **작사/** 지명길 • **작곡/** 김용년 • **제목/** 피노키오

TEACHING POINT

4/4박자의 곡이므로 각 마디가 4박자이어야 하나 여기에서는 시작 마디가 ♪♪(한 박자)이다.

7) 변화표

(1) 변화표의 종류

기호	읽기	의미	악보의 예	연주
♯	샵 (sharp)	반 음 올림		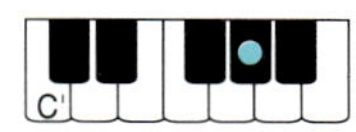
♭	플랫 (flat)	반 음 내림	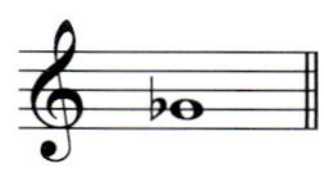	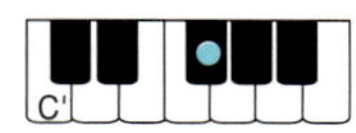
𝄪	더블 샵 (double sharp)	반 음을 두 번 올림	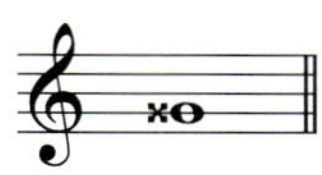	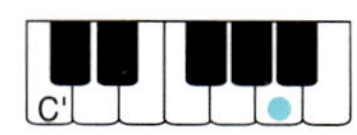
𝄫	더블 플랫 (double flat)	반 음을 두 번 내림		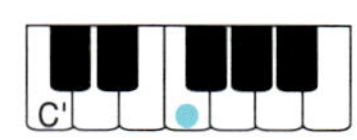
♮	내츄럴 (natural)	제자리표(어떤 영향도 받지 않는 원래 그대로의 흰 건반을 말함)		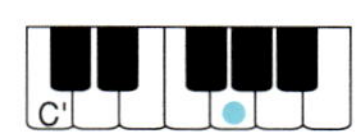

(2) 변화표의 효력

① 조표로 사용되는 경우

TEACHING POINT

변화표가 조표로 사용되는 경우(조표는 곡의 시작인 음자리표 바로 다음에 나타남)에 그 변화표는 곡 전체를 통해 같은 계이름을 가진 모든 음에 적용된다.

② 임시표로 사용되는 경우

※ **작사**/ 조운파 • **작곡**/ 최종혁 • **제목**/ 내 동생

※ 외국곡 • **제목**/ 도레미송

TEACHING POINT

임시표는 조표와 상관없이 곡 중에 특정한 음 앞에 붙어있는 변화표를 말한다.

③ 임시표는 같은 마디 안에서 같은 음높이의 음에만 효력이 있다.

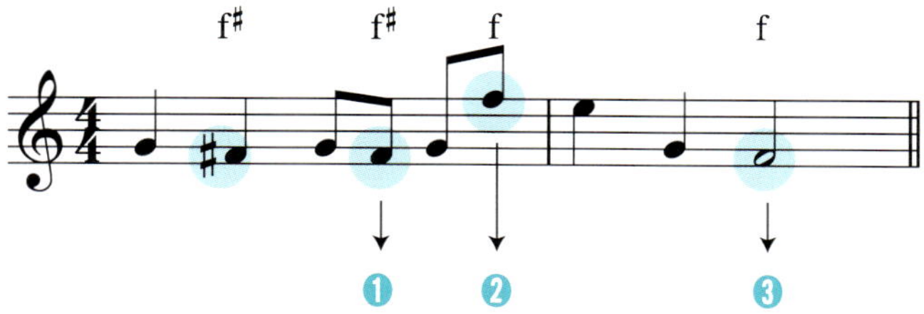

❶ 같은 마디 안에서 같은 높이의 음에는 앞의 임시표가 효력을 가진다.

❷ 같은 마디 내에서 같은 음이름을 가진 음이지만, 음 높이가 다르므로 임시표는 효력이 없다.

❸ 마디가 바뀌면 앞의 마디에 있던 임시표는 더 이상 효력이 없다.

④ 임시표가 붙은 음이 마디를 사이에 두고 붙임줄로 연결되는 경우는 마디가 바뀌었음에도 불구하고 붙임줄로 연결된 그 음에 한하여 임시표가 효력을 가진다.

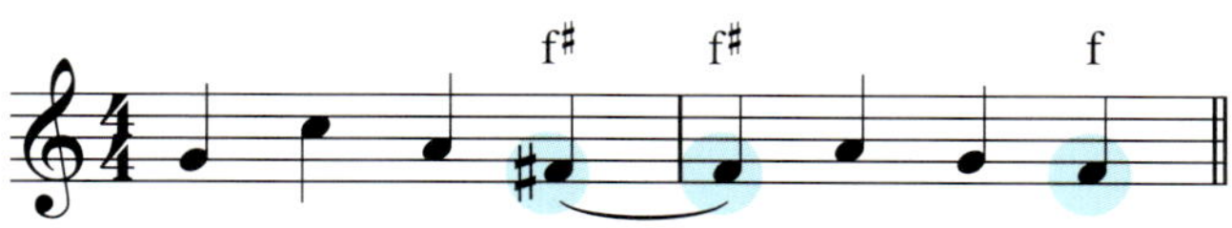

8) 화성

높이가 다른 두 개 이상의 음이 동시에 울리는 것을 화음이라고 하며 이러한 화음의 연결을 화성이라고 한다.

(1) 화음

① 3화음

어떤 음을 밑음으로 하여 3도씩 두 번 음을 쌓아 만든 음의 결합체를 말한다.

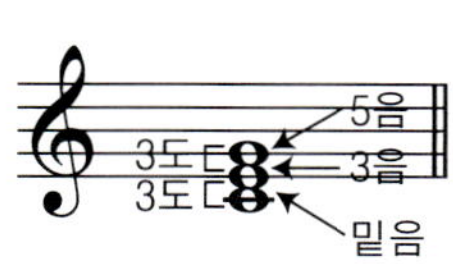

(2) C장조의 3화음

화음의 성질에 따라 장화음은 대문자, 단화음은 소문자로 표시하고 감화음은 소문자 옆에 ○를 첨가한다.

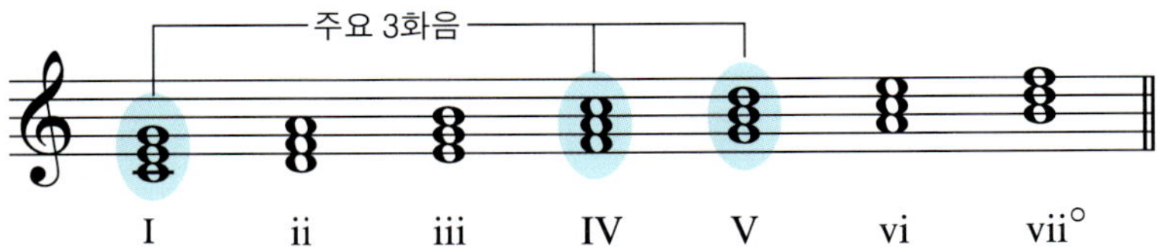

TEACHING POINT

주요 3화음은 그 곡에서 중심이 되는 화음으로 곡 중에서 가장 빈번히 사용된다.

(3) 코드 익히기

코드는 화음의 밑음과 음정 구조에 따라 다양하게 표기되며 그 화음의 고유한 이름이라 할 수 있다. 여기에서는 동요에서 주로 사용되는 코드에 대하여 알아본다.

코드	음의 구성	반주의 예
C		
F	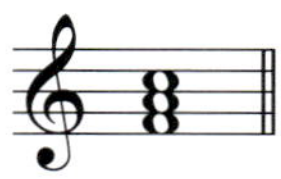	
G		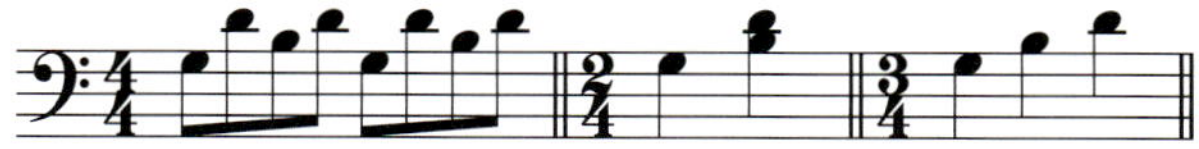
D		
A		
E		
B♭		
E♭		
A♭		

(4) 3화음 코드 연결의 예

(5) 7화음

7화음은 3화음에 3도 위 음을 하나 더 첨가하여 만들어진다.

동요에서는 딸림7화음(V7)이 주로 사용된다.

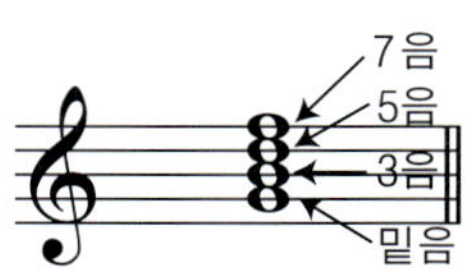

(6) 동요에서 자주 사용되는 7화음의 코드 익히기

코드	음의 구성	반주의 예
G7		
D7	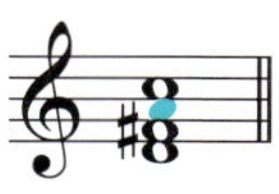	
A7		
C7	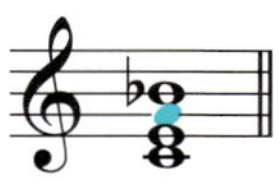	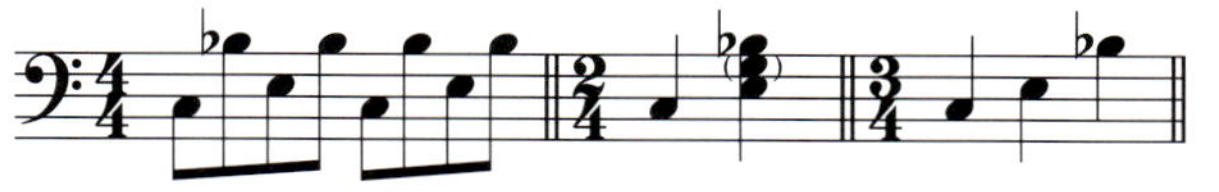
F7	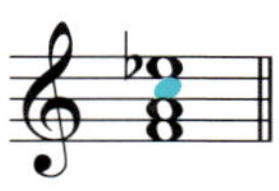	

＊ 음의 구성 중 ●는 생략가능한 음이다.

TEACHING POINT

7화음에서는 5음(p. 22 참조)을 생략할 수 있다.

(7) 7화음을 포함한 코드 연결의 예

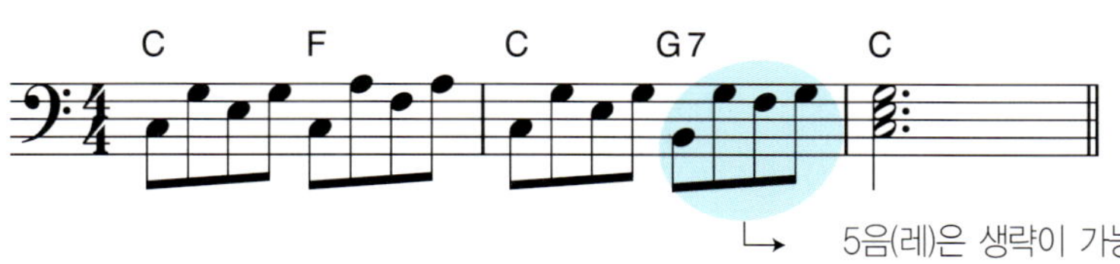

↳ 5음(레)은 생략이 가능하다.

02 동요 반주법

1) 반주의 기능

반주는 곡이 지니고 있는 선율과 악상 등을 살려주고 가락에 어울리는 화성을 통하여 보다 풍부한 맛을 느끼도록 도와준다. 교사가 정확한 시창 능력을 가지고 있다고 하더라도 반주 없이 육성으로 하는 것과 반주와 함께 하는 것은 많은 느낌의 차이가 있으며, 교사가 정확한 시창 능력을 갖지 못한 경우에는 반주가 정확한 음을 내도록 도와주므로 더욱 필요하다. 또한 반주는 불완전한 유아의 음감을 확실하게 해주고, 생기 있게 리듬감을 끌어주며 화성을 통한 풍부한 감성을 도출해 냄으로써 유아들의 음악적 감각을 계발하고 정서발달을 돕는다.

2) 반주용 악기

(1) 피아노(piano, pianoforte)

피아노는 피아노포르테(pianoforte)의 약자이다. 피아노는 88개의 건반으로 이루어진 건반악기로 폭넓은 음역과 풍부한 음량으로 다양한 표현을 가능하게 하는 매우 이상적인 악기이다. 피아노가 많은 음악가나 연주자들에게 사랑을 받아온 이유는 한 번에 여러 손가락의 미묘한 움직임을 통해서 다양한 음이 어우러져 아름다운 화음을 낼 수 있다는 점이다. 따라서 피아노는 화성악기와 선율악기의 두 가지 요소를 모두 갖춘 서양음악에서 빼놓을 수 없는 중요한 악기이다.

① 피아노 연주를 위한 자세

- 피아노 건반의 중간 지점 정도에 허리를 펴고 바른 자세로 앉는다.
- 건반과 몸의 간격은 연주에 불편하지 않도록 약 30cm 정도 거리를 둔다. 만일 건반과 몸이 지나치게 가깝거나 멀면 외견상으로 좋지 않을 뿐 아니라 팔과 손을 움

직이는데 불편함을 초래한다.

- 발은 안정감 있는 자세로 놓되 다리는 적당히 벌리는 것이 좋다. 다리를 너무 많이 벌리거나 꼬는 모양은 보기에도 좋지 않으며 안정된 연주를 방해한다.

좋은 상체 모양(O)

허리 굽은 모양(X)

너무 가까이 앉은 모양(X)

너무 멀리 앉은 모양(X)

좋은 발 모양(O)

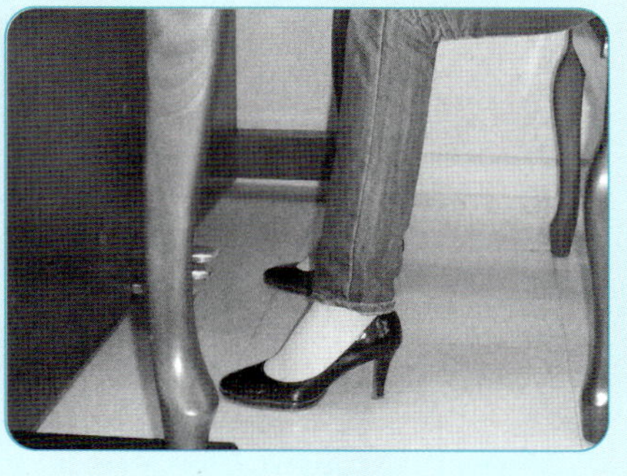

다리 많이 벌림(X)

다리 꼼((X)

다리 꼼(X)

② 손의 위치와 모양

- 피아노는 팔과 손목 그리고 손가락의 연속적인 동작을 통해서 연주되므로 건반 위에서 손의 위치와 모양은 중요하다.
- 손등과 손목과 손목에서 이어지는 팔은 구부러지지 않고 직선을 유지하여야 하며 손가락은 마디마다 자연스럽게 구부러진 상태로 건반을 눌러야 한다. 손목이 건반 아래로 처지거나 손등보다 위로 올라가는 것은 좋지 않다.
- 연주 시 손목이나 손가락 끝에 지나치게 힘이 들어가지 않도록 하며 긴장을 풀고 자연스럽게 팔로 내려치듯이 가볍게 연주한다.

좋은 손 모양(O)

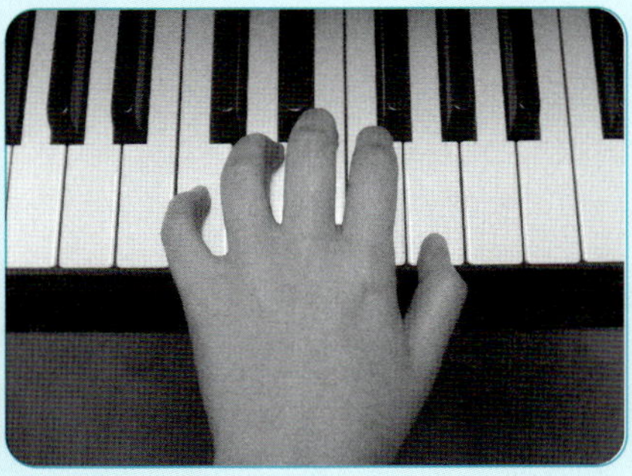

좋은 손 모양(O)

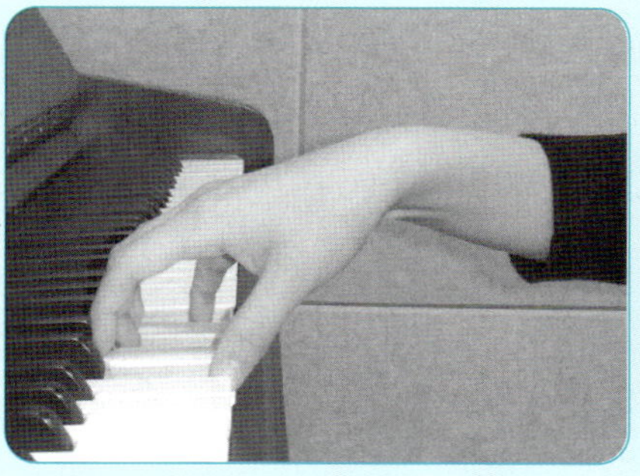

손목이 위로 올라간 모양(X)

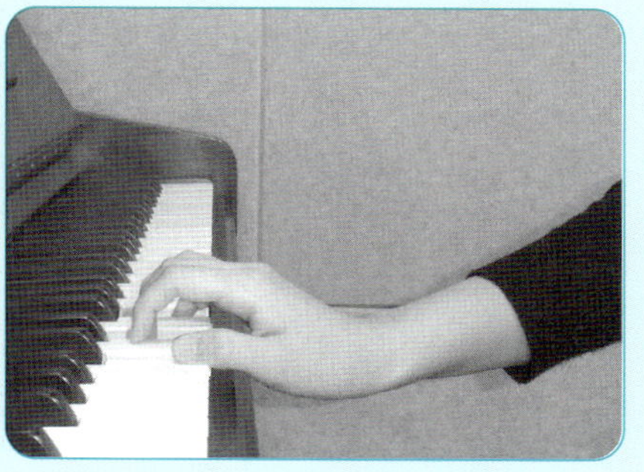

손목이 아래로 처진 모양(X)

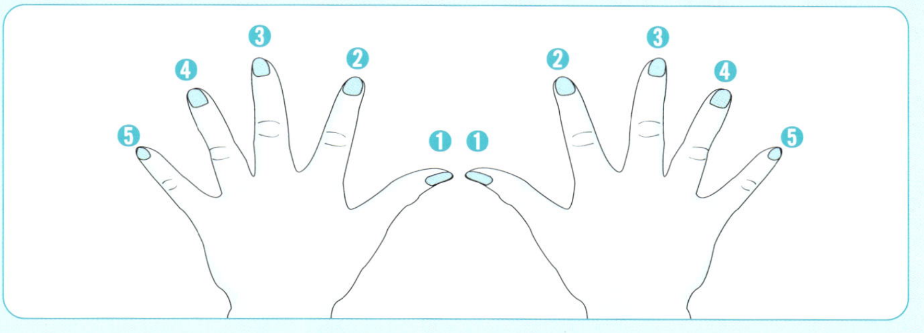

손가락 번호

③ 페달

■ 피아노는 두 개 혹은 세 개의 페달이 있으며 디지털 피아노의 경우는 페달이 없거나 한 개 혹은 두 개이다. 페달이 있는 경우에는 맨 오른쪽 페달이 가장 많이 사용되는 페달로 댐퍼 페달이라고 한다. 댐퍼 페달은 음의 울림을 지속시킴으로써 음과 음의 부드러운 연결을 도우며 울림도 풍부하게 해준다. 맨 왼쪽 페달은 소프트 페달이라 하며 이 페달을 사용하면 업라이트 피아노의 경우에는 해머가 현에 좀 더 가까이 이동하게 되므로 더 약한 소리를 얻을 수 있다. 그러나 동요 반주에서는 거의 사용하지 않는다. 페달이 세 개인 경우에 가운데 페달은 업라이트 피아노와 그랜드 피아노의 기능이 약간 다르다. 업라이트 피아노의 가운데 페달은 머플러(muffler) 페달, 혹은 사일런트(silent) 페달이라고 하여 피아노의 소리를 약하게 줄여주는 기능을 한다. 그랜드 피아노의 경우에는 가운데 페달은 소스테누토

(sostenuto) 페달로 건반을 누른 상태에서 이 페달을 밟게 되면 눌렀던 건반의 음만 지속된다. 그러나 가운데 페달은 동요 반주에서는 사용하지 않는다.

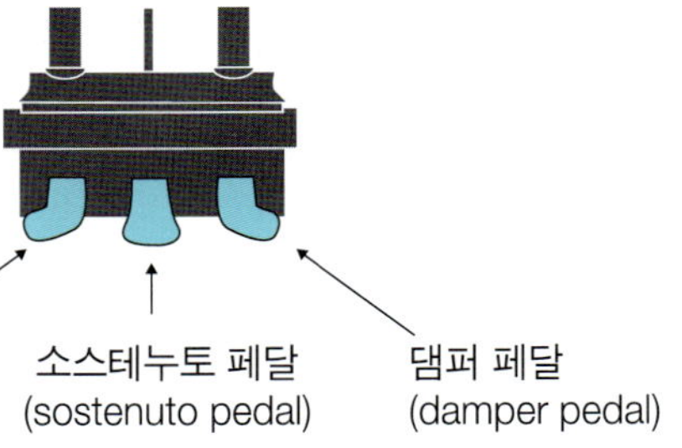

페달의 명칭

■ 페달 사용 시 발의 위치

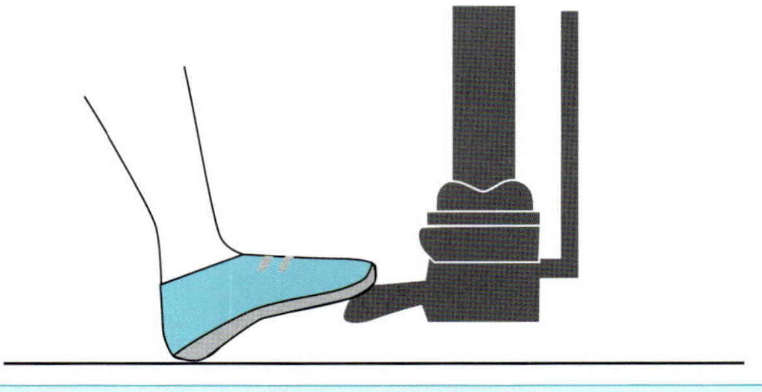

페달 사용 시 발의 위치

■ 동요 반주 시 페달(댐퍼 페달) 사용의 범위

유아 동요는 비교적 곡이 단순하고 음역도 그리 넓지 않으며 반주 역시 대부분은 왼손의 다섯 손가락을 이용하여 음들을 연결할 수 있는 경우이다. 그러나 좀 더 규모가 크거나 반주형이 손가락의 놀림만으로는 도저히 음들을 연결하여 연주하기 힘든 경우에는 페달을 이용하여 음의 연결효과를 꾀할 수 있다. 페달을 사용하는 경우에는 음의 울림이 지속되므로 페달을 지속하는 부분과 다시 밟아 주는 부분이 정확하지 않으면 오히려 불협화음정을 발생시켜 지저분해질 수 있으므로 유아 동요 반주에서 페달의 사용은 꼭 필요한 경우를 제외하고는 금하는 것이 좋다.

└→ 페달을 사용하지 않아도 음의 연결이 가능하므로 페달을 사용하지 않는 것이 좋다.

※ 외국곡 • 제목/ 생일축하노래

└→ 손가락만으로 음의 연결이 불가능하므로 페달을 사용하여 음들을 자연스럽게 연결시키는 것이 좋다.

※ 외국곡 • 제목/ 생일축하노래

■ 페달 밟는 요령

화음이 바뀔 때마다 페달을 다시 밟아줌으로써 서로 다른 화음이 엉겨서 불협화음을 만들지 않도록 하는 것이 원칙이다. 그러나 같은 화음이 지속될 때라도 멜로디의 음들이 함께 울릴 때 불협화음정을 발생시킬 소지가 있는 경우에는 페달을 다시 밟아주어야 깨끗한 소리를 얻을 수 있다.

* 화음이 바뀔 때마다 페달을 새로 밟는다. X는 화음 밖의 음(비화성음)이다.

※ 외국곡 • 제목/ 울면 안 돼

* 같은 화음이 두 마디씩 지속되지만 페달을 계속 밟고 있을 경우 오른손의 비화성음으로 인해 소리가 지저분해지므로 한 마디 단위로 다시 밟아주면 좋다.

※ 작사/ 박경문 • 작곡/ 김방옥 • 제목/ 둘이 살짝

(2) 디지털 피아노

디지털 피아노는 유아교육기관에서 매우 유용한 악기이며 근래에는 가정에서도 일반 피아노보다 그 수요가 점차 늘고 있는 악기이다. 디지털 피아노가 유아교육기관에서 유용한 이유는 다음과 같다.

① 일반 피아노보다 작고 가벼워 악기 이동이 용이하다.

② 일반 피아노는 높이가 높아 유아와 마주보고 연주할 수 없으며 악기를 벽쪽에 위

치할 때 교사가 유아와 상호작용하기에 지장을 초래한다. 이에 비해 디지털 피아노는 높이가 낮아 유아와 마주 보며 연주하는 것이 가능하므로 유아와의 적극적인 상호작용이 가능하다.

③ 전자기기이므로 정기적인 음의 조율이 필요 없다.

④ 다양한 음색의 음원을 가지고 있어 같은 곡이라도 여러 가지 악기소리로 음색을 바꿔가며 연주할 수 있으므로 유아의 흥미를 끌 수 있다.

⑤ 대부분의 디지털 피아노는 조옮김의 기능(Transpose)을 가지고 있어 낮은 곡을 높여 부르거나 높은 곡을 낮춰 부르는 등 유아의 음역에 맞게 곡의 음역을 조절하는 것이 용이하다.

⑥ 구입비용이 일반 피아노에 비해 상대적으로 매우 저렴하다.

⑦ 건반이 일반 피아노에 비해 가벼워 유아들이 이용하기에 더 용이하다.

(3) 그 외의 반주용 악기

반주용 악기는 화음을 연주할 수 있어야 하므로 멜로디만 내는 악기(플루트, 바이올린, 오카리나, 리코더 등)는 반주하기에 적합하지 않다. 기타도 반주용 악기이지만 멜로디와 반주를 동시에 연주하기에는 연주자의 고도의 기술이 필요하다.

3) 반주의 요령

(1) 여러 가지 반주형

① 씩씩한 느낌과 박자감을 잘 느끼게 해주는 반주형으로 행진곡에 어울린다. 동요의 반주로는 너무 단순하고 딱딱한 느낌을 줄 수 있으므로 별로 사용되지 않는다.

② 화음이 분산되어 좀 더 가볍고 깨끗한 느낌을 주는 반주형으로 동요에 흔히 사용된다. $\frac{3}{4}$ 박자나 $\frac{6}{8}$ 박자에서는 춤곡에도 많이 사용되는 반주형이다.

③ 화음 구성음을 하나씩 펼친 형태로 부드럽고 깨끗한 느낌을 주며 $\frac{3}{4}$ 박자나 $\frac{6}{8}$ 박자에 적용되는 반주형이다.

④ 알베르티 반주형이라고도 하며 동요 반주에 널리 사용되는 반주형의 하나이다.

(2) 반주의 요령

① 먼저 곡의 분위기에 어울리는 반주형을 정한다.

② 가락에 어울리는 화음을 정한다. $\frac{2}{4}$, $\frac{3}{4}$ 박자는 한 마디를 한 화음으로 처리하는 것이 보통이며 $\frac{4}{4}$, $\frac{6}{8}$ 은 한 마디를 한 화음 혹은 반씩 나누어 두 화음으로 처리할 수 있다.

③ 반주는 처음에 정한 반주형으로 끝까지 일관되게 가는 것이 좋다. 긴 곡에서 중간에 분위기가 바뀌는 경우는 조심스럽게 반주형에 변화를 시도할 수 있지만 유아동요는 길이가 그리 길지 않으므로(보통은 24마디 이내) 반주형이 통일감을 유지하는 것이 좋다.

■ 나쁜 반주의 예

– 악절마다 반주형이 서로 달라 통일감이 결여된 반주이다.

※ 외국곡 • 제목/ 곰 세 마리

■ 좋은 반주의 예

– 처음부터 끝까지 일관된 반주형으로 통일감을 유지한 반주이다.

※ 외국곡 • 제목/ 곰 세 마리

④ 못갖춘마디는 반주하지 않는다.

※ 외국곡 • 제목/ 숲 속의 음악가

※ 외국곡 • 제목/ 생일축하노래

※ 외국곡 • 제목/ 새들의 결혼식

※ **작사**/ 안병원 • 외국곡 • **제목**/ 식사 기도

※ 외국곡 • **제목**/ 한 시골 농가에

⑤ 각 악절(보통은 4마디임)의 끝에서 가락에 긴 음표가 지속될 때는 왼손이 고정된 반주의 형태를 벗어나서 선율적으로 노래할 수 있다.

※ **작사**/ 박경종 • **작곡**/ 정혜옥 • **제목**/ 용서하는 아이

※ 작사/ 조운파 • 작곡/ 최종혁 • 제목/ 내 동생

⑥ 곡을 마칠 때는 곡이 끝나는 느낌을 강조하기 위하여 왼손 반주도 자연스럽게 끝맺음을 해준다.

※ 작사 • 작곡/ 미상 • 제목/ 훌랄라 폴카

※ 작사/ 조운파 • 작곡/ 최종혁 • 제목/ 내 동생

※ 외국곡 • 제목/ 창 밖을 보라

(3) 화음 정하기

① 화음 선택 요령

■ $\frac{2}{4}$, $\frac{3}{4}$ 박자는 한 마디를 한 화음으로 처리하는 것이 좋다.

※ 외국곡 • 제목/ 나는 기쁘다

C C G G
오 파 랑 새 가 날 아 왔 네 저 창 문 으 로 날 아 왔 네
C C G C
오 파 랑 새 가 날 아 왔 네 참 예 쁘 네 요
C C G G
파 랑 새 가 춤 을 추 고 있 네 파 랑 새 가 춤 을 추 고 있 네
C C G7 C
파 랑 새 가 춤 을 추 고 있 네 날 아 가 네 요

※ 외국곡 • 제목/ 오! 파랑새가

■ $\frac{4}{4}$, $\frac{6}{8}$ 은 한 마디를 한 화음 혹은 반씩 나누어 두 화음으로 처리 할 수 있다.

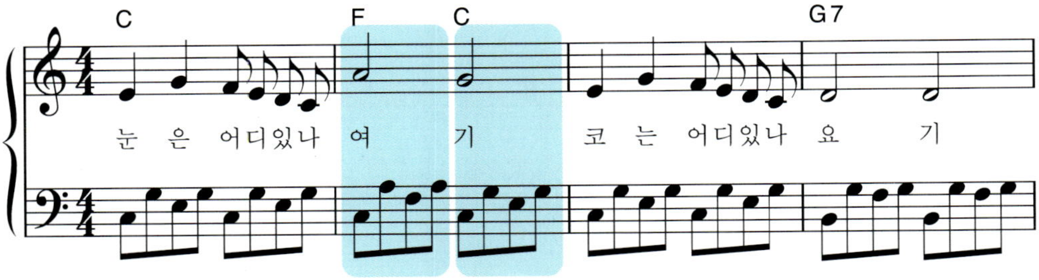

※ 작사/ 김정순 • 작곡/ 김숙경 • 제목/ 요기여기

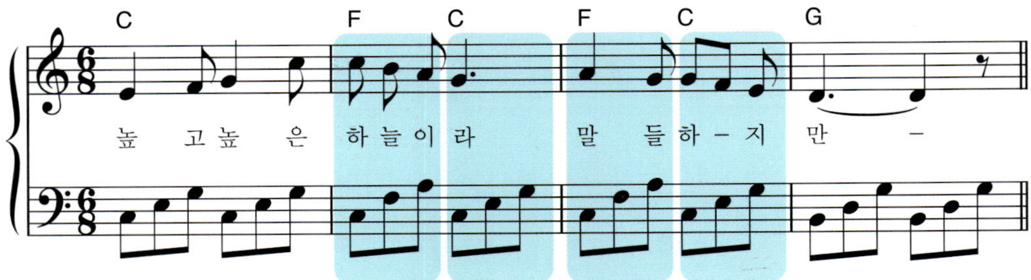

※ 작사/ 윤춘병 • 작곡/ 박재훈 • 제목/ 어머님 은혜

■ 각 마디의 가락을 계이름으로 불러보고 주요 3화음인 Ⅰ, Ⅳ, Ⅴ 화음 중 비중이 많은 쪽 화음을 정한다. 즉, 그 마디 안에 어느 화음의 음들이 가장 많이 사용되었는지를 보고 코드를 선택한다.

※ 외국곡 • 제목/ 울면 안 돼

※ 작사/ 지명길 • 작곡/ 김용년 • 제목/ 피노키오

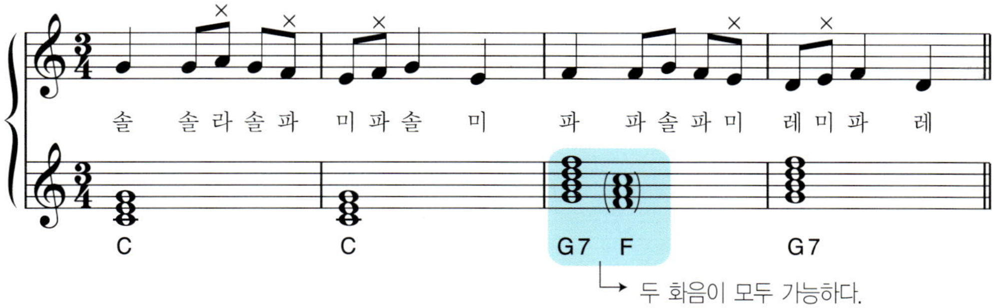

※ 외국곡 • 제목/ 오! 파랑새가

TEACHING POINT

▶ 동요에 많이 사용되는 조성에서 주요 3화음의 코드표

조성	I	IV	V	V7
다(C)장조	C	F	G	G7
사(G)장조	G	C	D	D7
라(D)장조	D	G	A	A7
바(F)장조	F	B♭	C	C7
내림나(B♭)장조	B♭	E♭	F	F7

▶ 강박의 음을 약박의 음보다 중시한다.

짧은 음보다 긴 음을 중시한다.

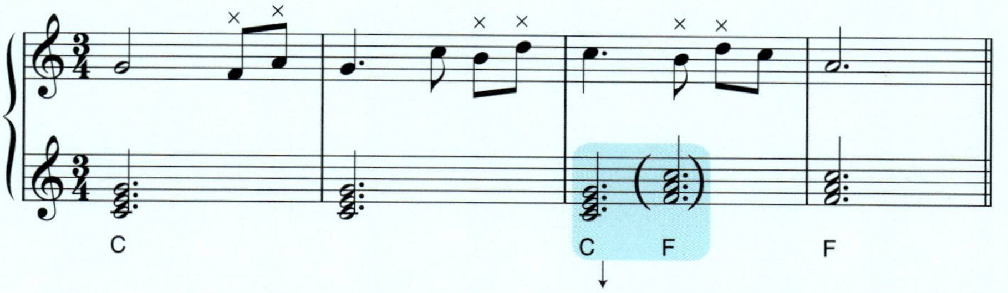

두 화음이 모두 가능하다.

곡의 시작과 끝은 I(으뜸화음)으로 한다.

※ 작사 • 작곡/ 박순진 • 제목/ 겨울바람

※ 외국곡 • 제목/ 머리 어깨 무릎 발

(4) 화음 연결

한 화음에서 다른 화음으로 진행할 때는 가능한 한 가깝게 음을 진행해야 손가락의 움직임도 용이하며 음이 자연스럽게 연결되어 소리가 안정적이다.

■ 나쁜 진행의 예

* 음들이 매우 멀리 진행되며 손가락의 움직임이 부자연스럽고 화음의 연결도 부자연스러워 소리가 안정적이지 못하다.

※ 외국곡 • 제목/ 작은별

■ 좋은 진행의 예

* 자리바꿈의 형태로 화음을 배치하여 화음의 진행 시 매우 가깝게 음들이 진행하며, 손가락의 움직임이 자연스럽고 소리도 안정적이다.

※ 외국곡 • 제목/ 작은별

(5) 전주의 방법

① 전주의 성격

전주는 노래의 시작 지점과 음높이를 예측하도록 도울 뿐 아니라 노래하고자 하는 곡의 분위기를 전달하여 바르게 노래를 시작할 수 있도록 돕는다.

② 전주의 길이

보통은 한 악절인 4마디 정도가 적당하지만 가락에 따라 4마디가 너무 짧을 경우에는 두 악절인 8마디도 가능하다.

■ 4마디 전주

※ **작사**/ 김방옥 • **작곡**/ 외국곡 • **제목**/ 사과같은 내 얼굴

■8마디 전주

※ 작사 • 작곡/ 이요섭 • 제목/ 인사노래

③ 전주의 요령

■ 곡의 처음 두 마디와 마지막 두 마디를 연결하여 전주할 수 있다. 이때 처음 두 마디와 마지막 두 마디의 가락의 연결은 자연스러워야 한다.

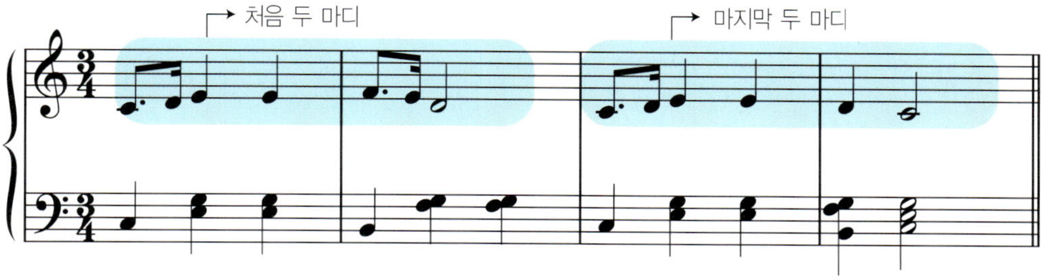

※ 작사/ 김방옥 • 작곡/ 외국곡 • 제목/ 사과같은 내 얼굴

■ 곡의 처음 네 마디와 마지막 네 마디를 연결하여 전주할 수 있다. 이것은 처음 두 마디와 마지막 두 마디를 연결하여 전주하기에 어색할 때의 하나의 대안이다. 이 경우에도 처음 네 마디와 마지막 네 마디의 가락의 연결은 자연스러워야 한다.

※ 작사 • 작곡/ 이요섭 • 제목/ 인사노래

TEACHING POINT

유아 동요의 전주는 유아들에게 이 곡이 어떻게 시작되는 곡인지를 바로 알 수 있도록 돕기 위하여 항상 곡의 처음 부분으로부터 시작하는 것이 바람직하다. 그러므로 동요의 가락과 전혀 다른 가락으로 된 전주는 유아 동요에서 바람직하지 않다.

■ 노래의 처음 한두 마디를 이용하여 전주를 시작하고 이 선율을 임의로 자연스럽게 발전시켜 끝맺음을 함으로써 전주할 수 있다. 이때에도 전주의 길이는 한 악절인 네 마디가 적당하다.

※ 작사/ 장수철 • 작곡/ 한용희 • 제목/ 착하고 아름답게

제2장

실기

01 ... 반주를 위한 기초 연습

02 ... 응용 연습

01 반주를 위한 기초 연습

1) 여러 가지 반주형

(1) 여러 가지 반주형 연습

1 작은별

※ 외국곡 • 제목/ 작은별

2 오! 파랑새가

※ 외국곡 • 제목/ 오! 파랑새가

3 똑같아요

※ **작사**/ 윤석중 • **작곡**/ 외국곡 • **제목**/ 똑같아요

4 세계의 아침인사

※ 작사 • 작곡/ 윤현진 • 제목/ 세계의 아침인사

5 오월

※ 작사/ 미상 • 작곡/ 임혜정 • 제목/ 오월

2) 반주의 요령

(1) 곡에 어울리는 반주형 정하기

- 곡의 분위기와 느낌을 파악하여 보고 어울리는 반주형을 보기에서 찾아 반주해 보자.

1 자장가

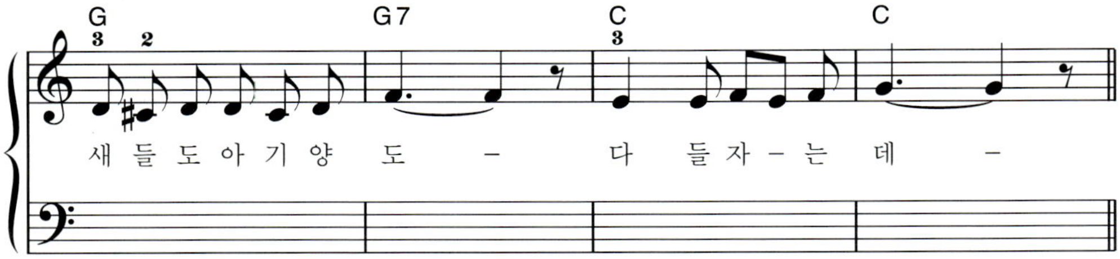

※ 작사/ 고터 • 작곡/ 모차르트 • 제목/ 자장가

보 기

2 루돌프 사슴코

※ **작사 • 작곡/** 쟈니 마크 • **제목/** 루돌프 사슴코

보 기

(2) 못갖춘마디 곡의 반주 연습

1 새들의 결혼식

※ 외국곡 • **제목/** 새들의 결혼식

2 아빠는 엄마를 좋아해

※ 외국곡 • 제목/ 아빠는 엄마를 좋아해

3 빙고

오른손 왼손 음이 겹칠 때는 오른손을 더 중요하게 생각하여 가락을 살리고 반주(왼손)는 생략해도 좋다.

※ 외국곡 • 제목/ 빙고

4 우리 모두 다같이

※ 작사 • 작곡/ 이종근 • 제목/ 우리 모두 다같이

(3) 종지 연습

① 악절의 끝 꾸미기

■ 보기를 사용하여 아래의 빈 마디를 꾸며보자.

1 유치원 원가

※ **작사**/ 홍은선 • **작곡**/ 김공선 • **제목**/ 유치원 원가

보 기

2 이 몸이 새라면

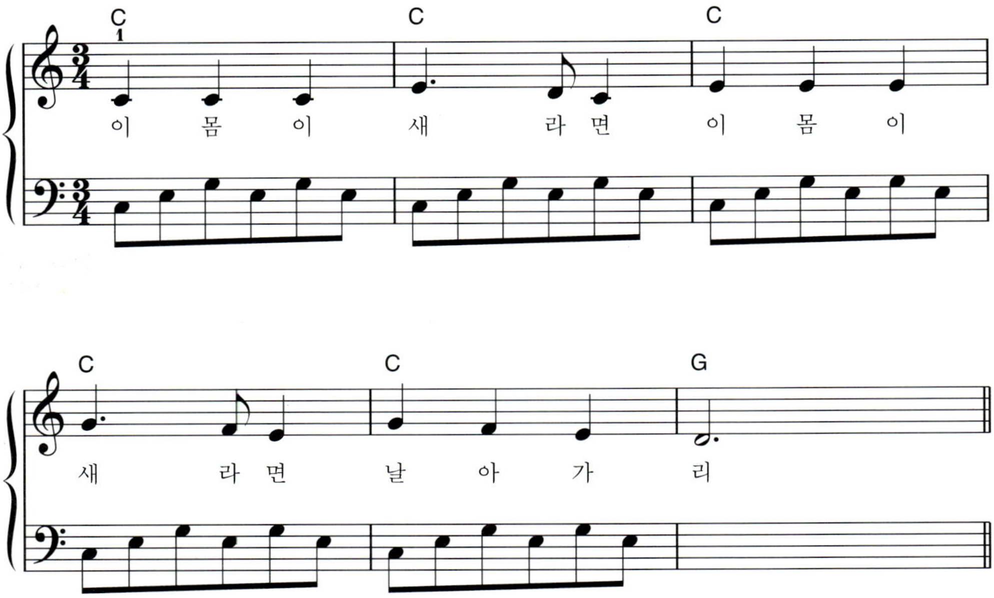

※ 외국곡 • 제목/ 이 몸이 새라면

보 기

3 어머님 은혜

※ **작사**/ 윤춘병 • **작곡**/ 박재훈 • **제목**/ 어머님 은혜

보 기

■ 빈 마디를 자신의 능력으로 꾸며보자.

1 용서하는 아이

※ **작사**/ 박경종 • **작곡**/ 정혜옥 • **제목**/ 용서하는 아이

2 하늘나라 동화

※ 작사 • 작곡/ 이강산 • 제목/ 하늘나라 동화

② 끝마침 꾸미기

■ 보기를 사용하여 아래의 빈 마디를 꾸며보자.

1 나무야

※ 작사/ 강소천 • 작곡/ 김공선 • 제목/ 나무야

2 루돌프 사슴코

※ 작사 • 작곡/ 쟈니 마크 • 제목/ 루돌프 사슴코

보 기

3 '리' 자로 끝나는 말은

※ 작사/ 윤석중 • 작곡/ 외국곡 • 제목/ '리' 자로 끝나는 말은

4 세계의 아침인사

※ 작사 • 작곡/ 윤현진 • 제목/ 세계의 아침인사

보 기

5 오! 파랑새가

※ 외국곡 • **제목**/ 오! 파랑새가

보 기

■ 빈 마디에 노래가 끝나는 느낌이 되도록 반주를 꾸며보자.

1 열꼬마 인디언

※ **작사**/ 용택수 • **작곡**/ 외국곡 • **제목**/ 열꼬마 인디언

2 인사노래

※ 작사 • 작곡/ 이요섭 • 제목/ 인사노래

3 착하고 아름답게

※ 작사/ 장수철 • 작곡/ 한용희 • 제목/ 착하고 아름답게

4 어머님 은혜

※ 작사/ 윤춘병 • 작곡/ 박재훈 • 제목/ 어머님 은혜

3) 화음 정하기

- 보기를 사용하여 반주를 넣어 보자.
  - $\frac{4}{4}$ 박자에서는 한 마디를 한 화음, 혹은 두 화음으로 처리할 수 있다.

1 작은별

※ 외국곡 • **제목**/ 작은별

2 도토리

※ **작사**/ 유성윤 • **작곡**/ 황철익 • **제목**/ 도토리

보 기

G7은 G의 자리에 항상 자유롭게 대치될 수 있다.

3 새

※ 작사 • 작곡/ 미상 • 제목/ 새

보 기

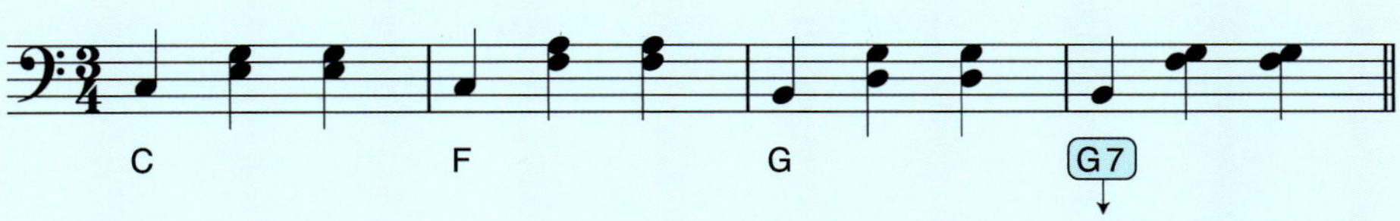

G7에서 한 음을 생략해야 할 경우 5음(레)을 생략할 수 있다.

4 바둑이와 고양이

– $\frac{6}{8}$ 박자에서는 한 마디를 한 화음, 혹은 두 화음으로 처리할 수 있다.

※ 외국곡 • 제목/ 바둑이와 고양이

보 기

4) 화음 연결

■ 아래의 반주 A와 B를 쳐보고 어떤 반주가 연주하기에 더 자연스러운지 느껴보자.

1 반주 A

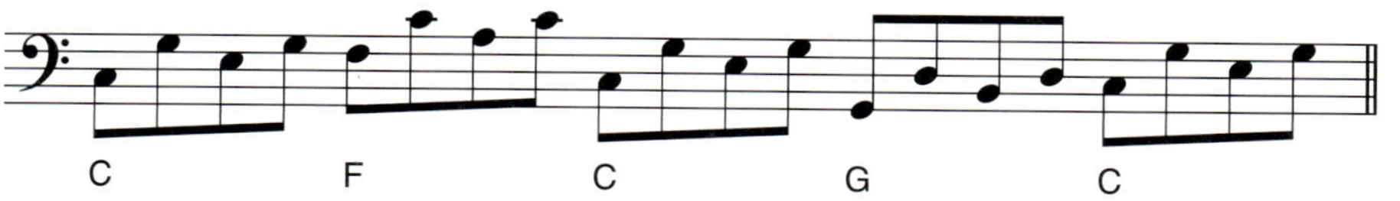

2 반주 B

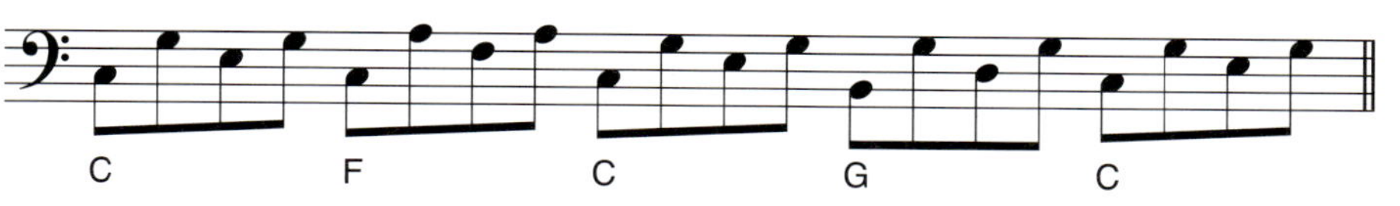

5) 전주의 방법

① 다음 노래의 처음 두 마디와 마지막 두 마디를 연결하여 전주를 완성하여 보자.

1 나무야

※ 작사/ 강소천 • 작곡/ 김공선 • 제목/ 나무야

2 돌아돌아

※ 작사 • 작곡/ 이요섭 • 제목/ 돌아돌아

3 '리' 자로 끝나는 말은

※ 작사/ 윤석중 • 작곡/ 외국곡 • 제목/ '리' 자로 끝나는 말은

4 둘이 살짝

※ **작사**/ 박경문 • **작곡**/ 김방옥 • **제목**/ 둘이 살짝

② 다음 노래의 처음 네 마디와 마지막 네 마디를 연결하여 전주를 완성하여 보자.

1 가을바람

※ 작사 • 작곡/ 김규환 • 제목/ 가을바람

2 어린이 왈츠

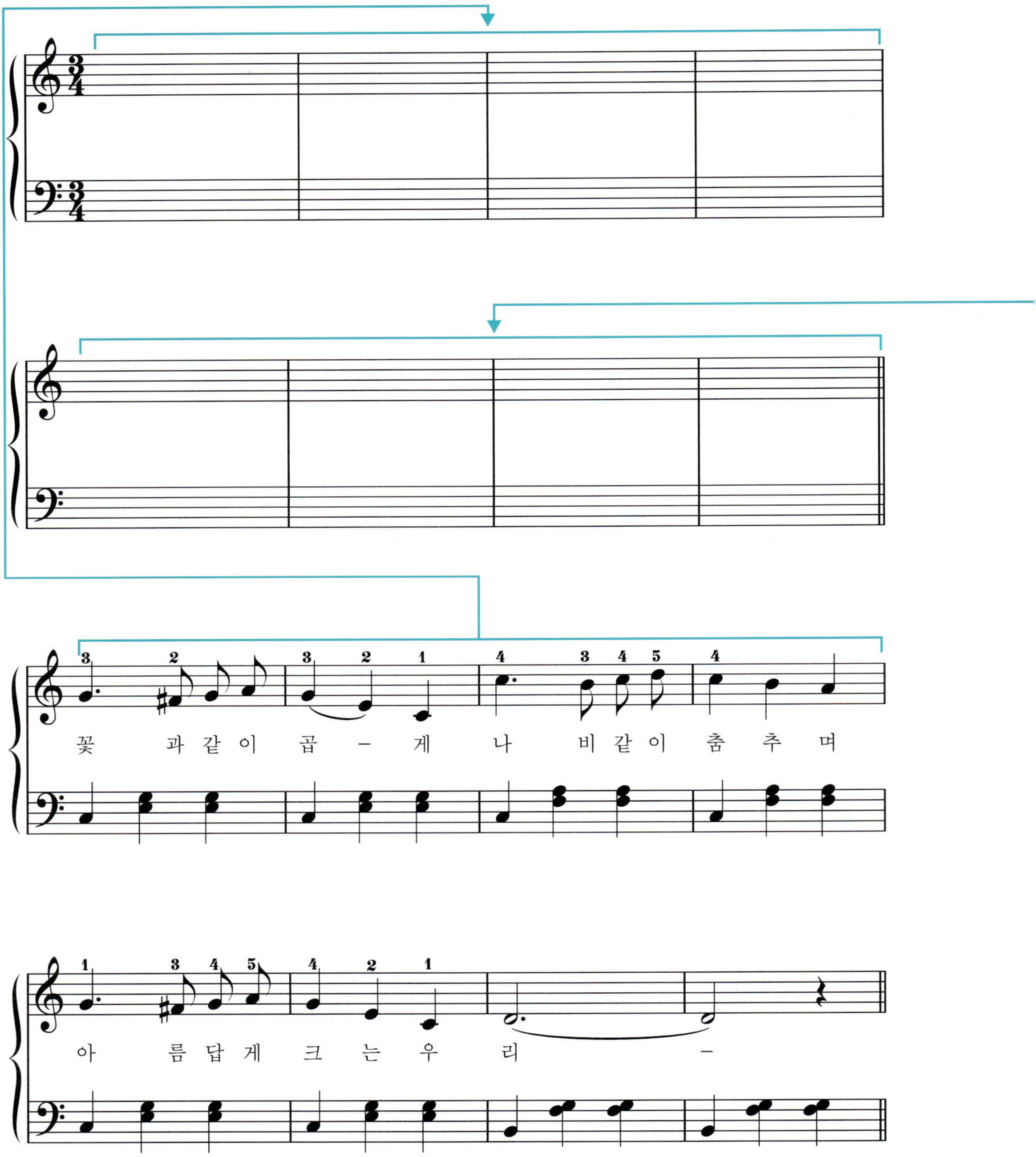
꽃 과 같 이 곱 – 게 나 비 같 이 춤 추 며
아 름 답 게 크 는 우 리 –

※ **작사**/ 원치호 • **작곡**/ 원길상 • **제목**/ 어린이 왈츠

③ 다음 노래의 처음 한 마디 혹은 두 마디를 이용하여 전주를 시작하고 임의로 자연스럽게 가락을 발전시켜 전주를 완성하여 보자.

1 크게 작게

※ 외국곡 • 제목/ 크게 작게

2 오월

※ 작사/ 미상 • 작곡/ 임혜정 • 제목/ 오월

02 응용 연습

1) 주어진 반주형으로 반주 연습

(1) C장조(다장조) 연습

① 주요 3화음

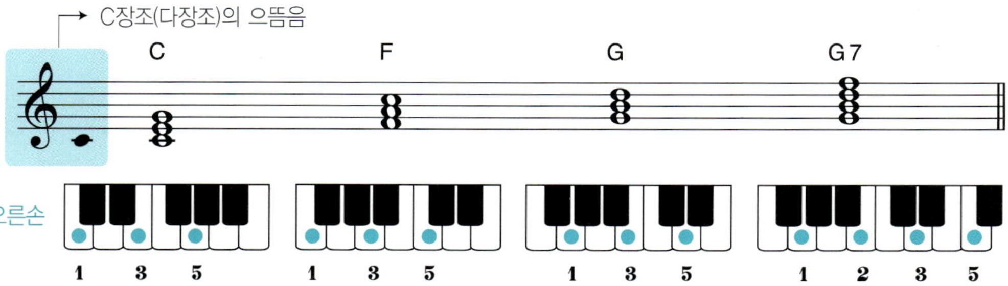

TEACHING POINT
G 코드에서는 G 코드(딸림3화음)와 G7(딸림7화음)이 자유롭게 사용될 수 있으나 G7 코드가 G 코드보다 더 풍성한 울림을 가져다주므로 더 즐겨 사용된다.

▸▸▸ 낮은음자리표로 전환

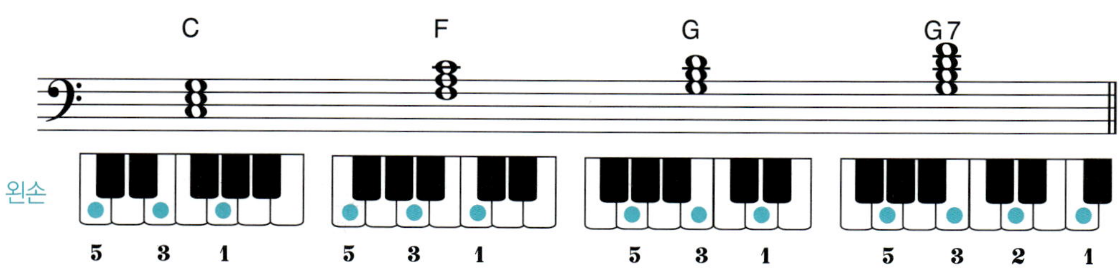

TEACHING POINT
동요 반주는 왼손이 담당하며 낮은음자리표를 사용한다.

▶▶▶ 자리바꿈형

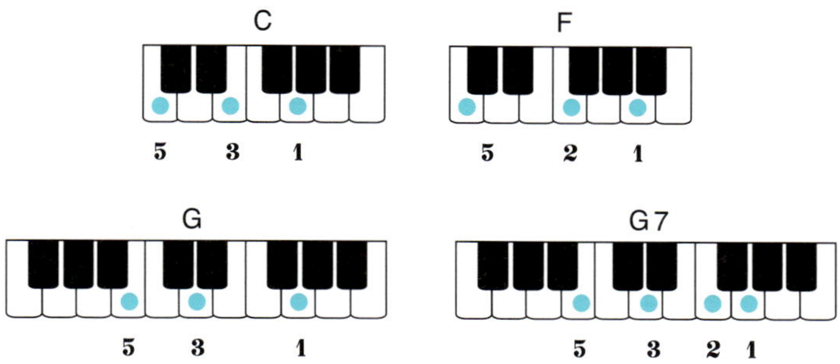

TEACHING POINT

화음을 연결할 때는 손가락의 움직임이 너무 멀지 않도록 가깝게 진행하는 것이 좋으므로 반주 시에는 자리바꿈형을 주로 사용한다.

② 코드 기호를 보고 치기

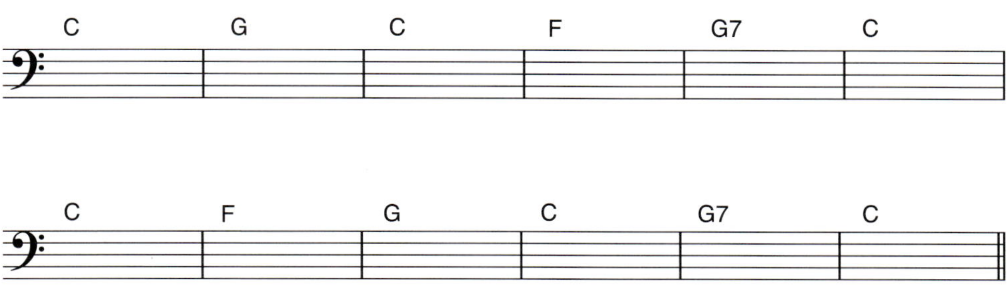

TEACHING POINT

C장조(다장조)의 주요 3화음인 C, F, G(혹은 G7) 코드는 C장조에서 가장 많이 사용되는 화음이며 유아 동요에서는 다수의 곡이 C장조(다장조)로 되어 있으므로 익숙해질 때까지 충분히 연습하는 것이 필요하다.

■ 2/4박자 반주 연습

▸▸▸ 밀집형 반주 연습

▸▸▸ 위의 반주형으로 반주 넣어보기

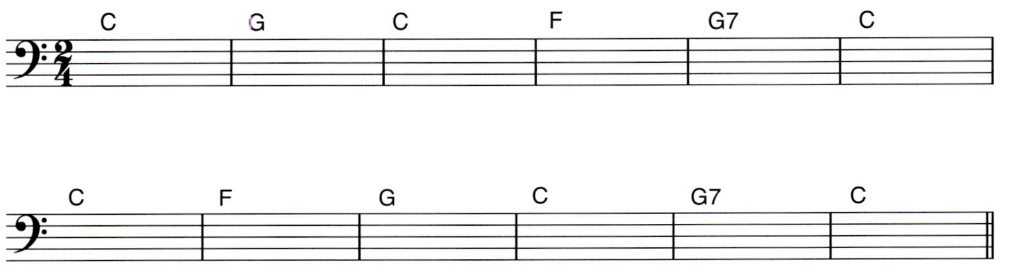

▸▸▸ 펼침형 반주 연습

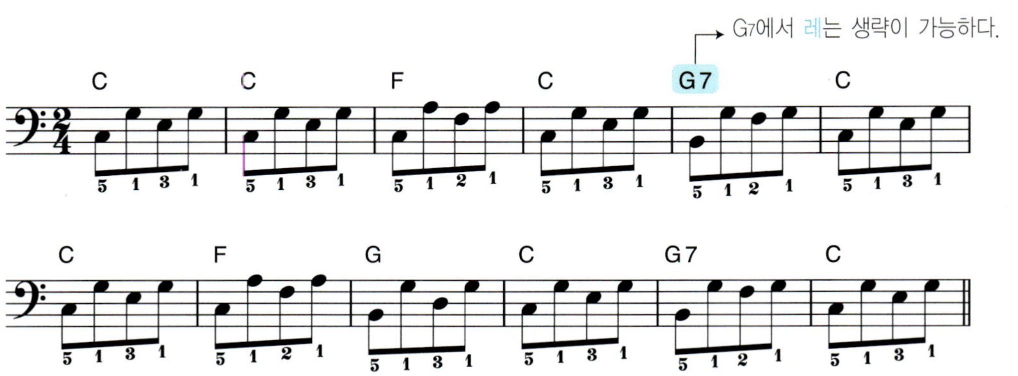

▶▶▶ 위의 반주형으로 반주 넣어보기

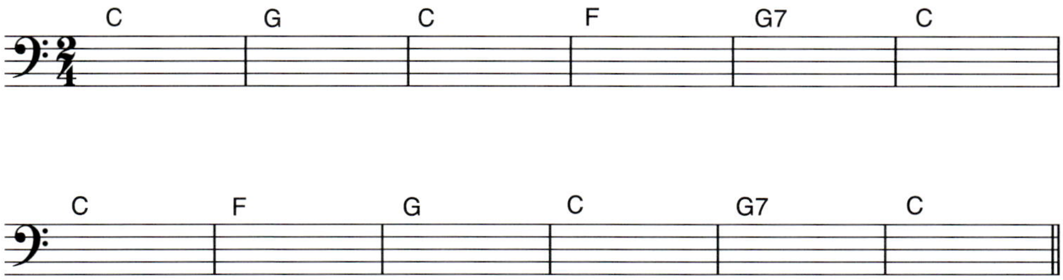

■ $\frac{3}{4}$박자 반주 연습

▶▶▶ 밀집형 반주 연습

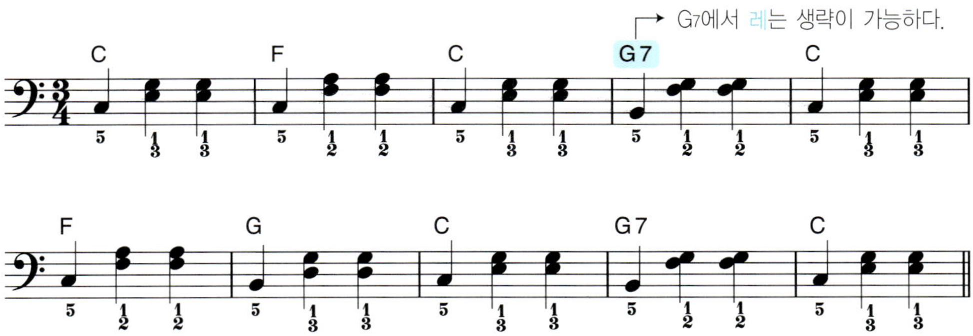

▶▶▶ 위의 반주형으로 반주 넣어보기

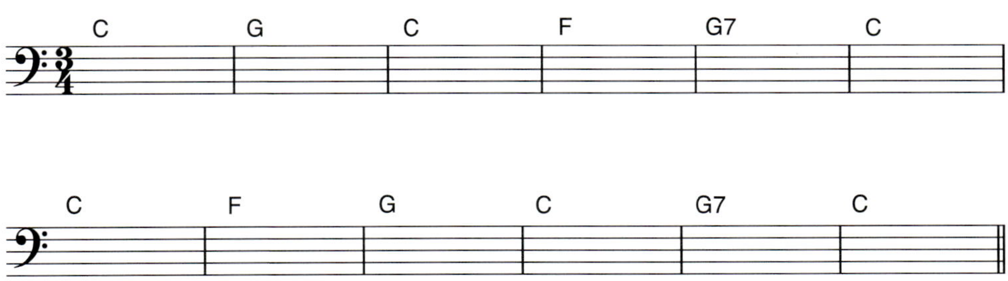

펼침형 반주 연습

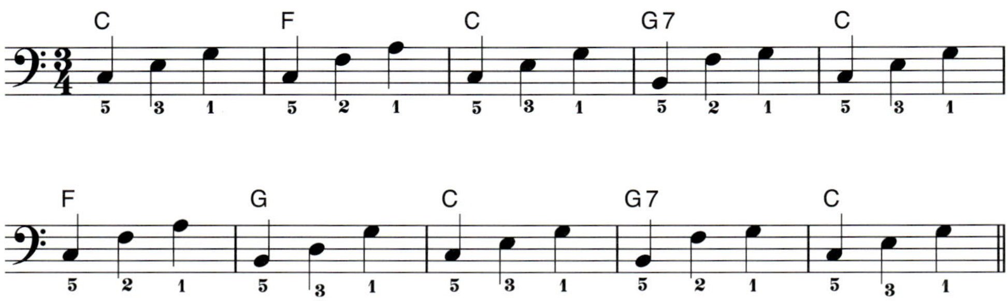

위의 반주형으로 반주 넣어보기

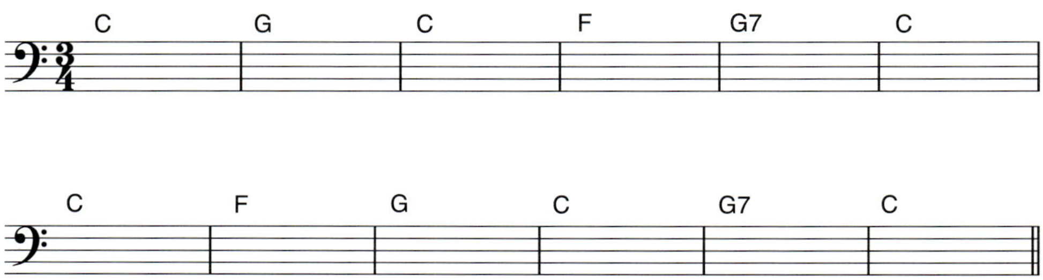

펼침형 반주 연습

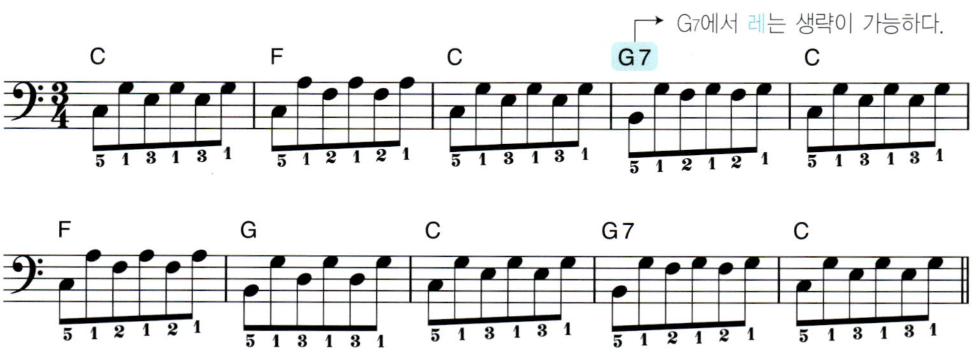

▸▸▸ 위의 반주형으로 반주 넣어보기

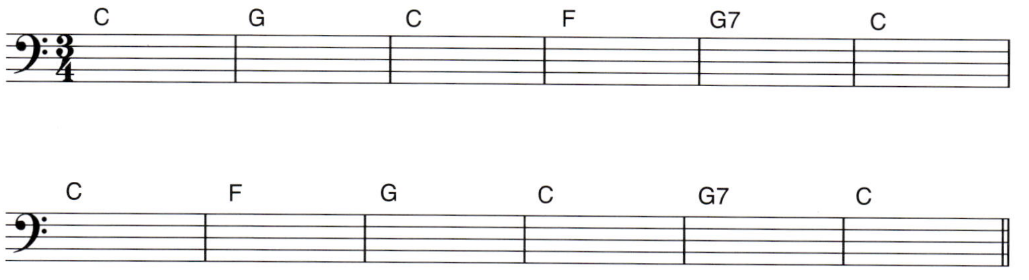

■ $\frac{4}{4}$ 박자 반주 연습

▸▸▸ 밀집형 반주 연습

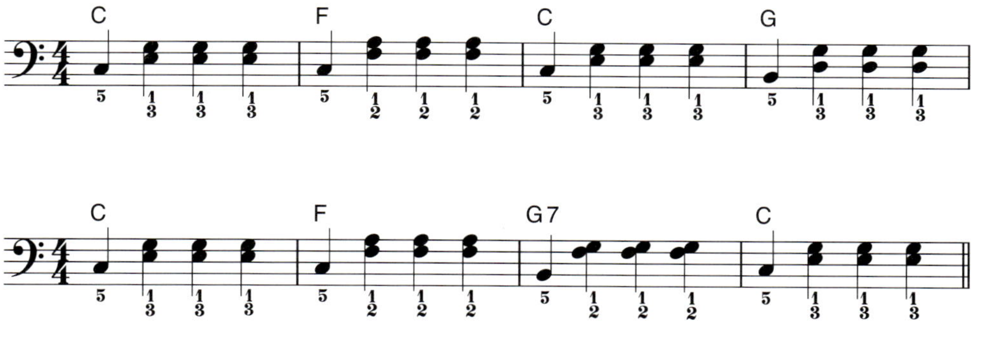

▸▸▸ 위의 반주형으로 반주 넣어보기

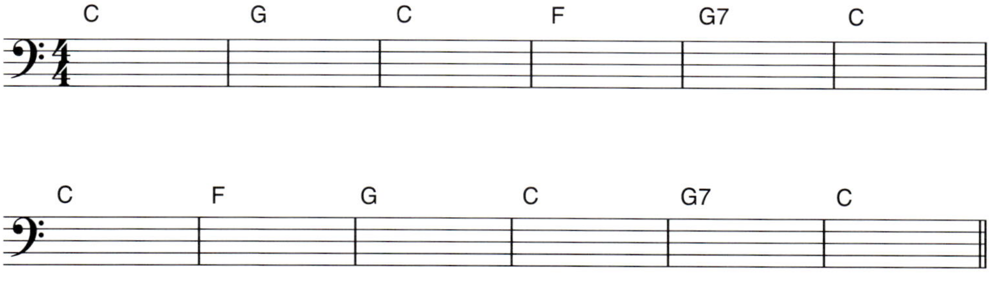

▸▸▸ 펼침형 반주 연습

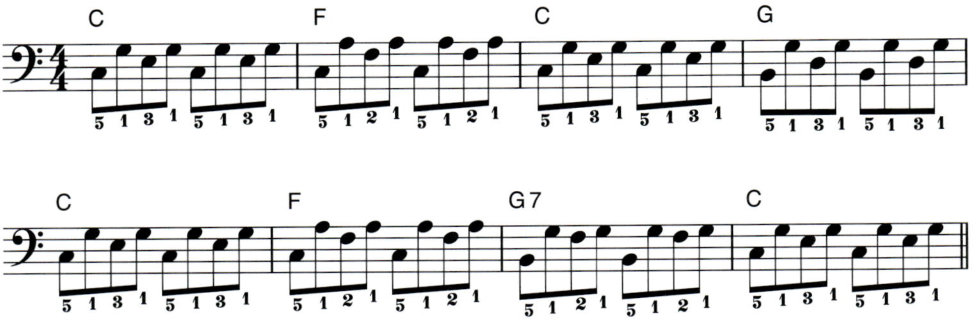

▸▸▸ 위의 반주형으로 반주 넣어보기

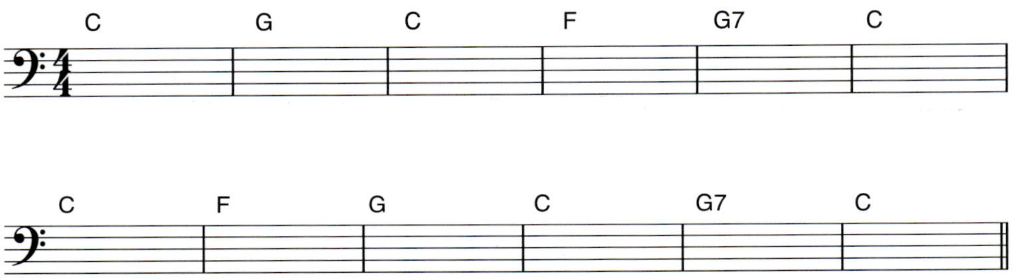

■ $\frac{6}{8}$ 박자 반주 연습

▸▸▸ 밀집형 반주 연습

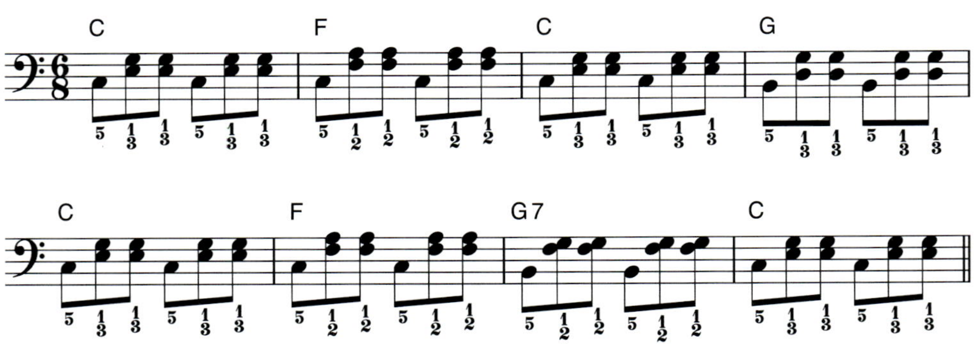

▸▸▸ 위의 반주형으로 반주 넣어보기

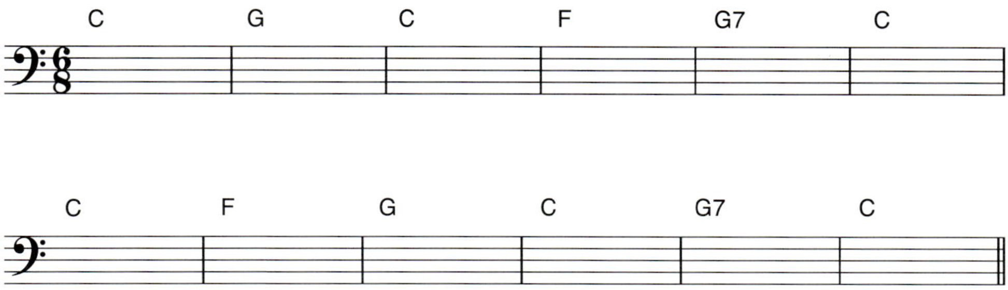

▸▸▸ 펼침형 반주 연습

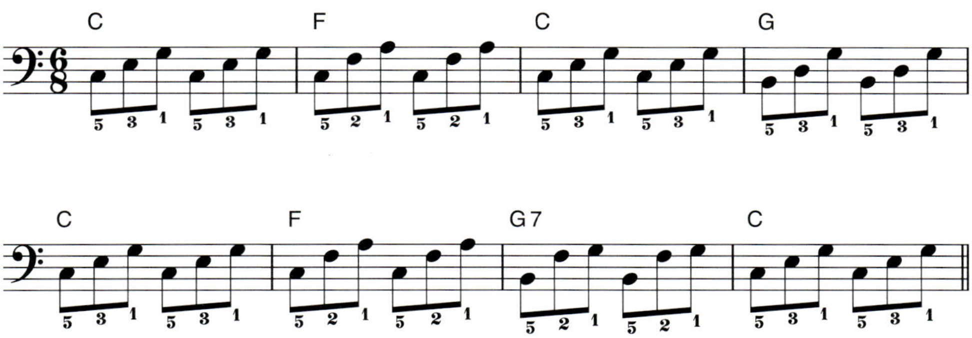

▸▸▸ 위의 반주형으로 반주 넣어보기

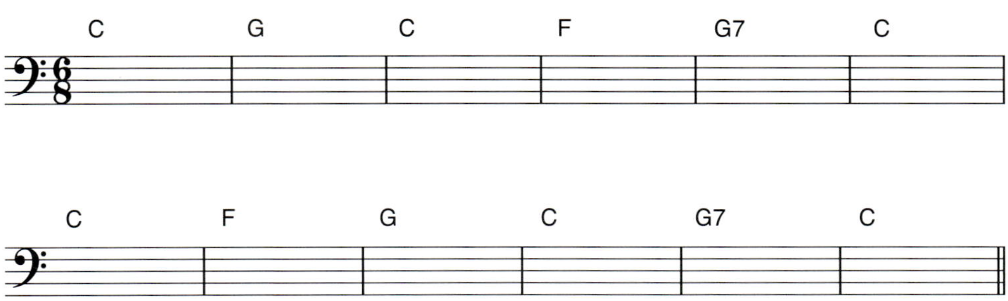

■ 양손 1단계 반주 연습 - 코드로 치기

- 보기와 같이 왼손을 코드로 반주해 보자.

보 기

※ 외국곡 • 제목/ 작은별

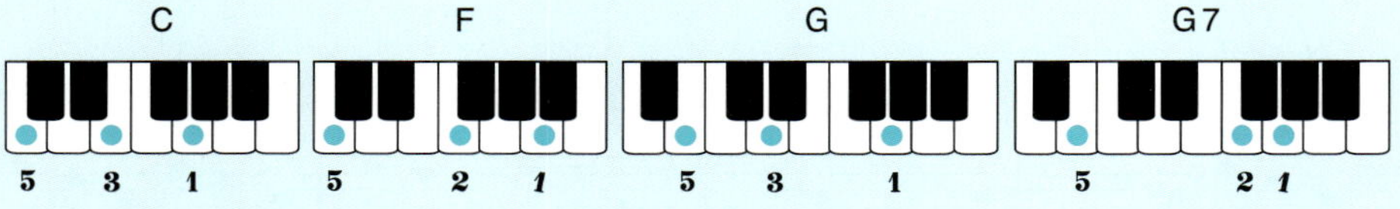

▸▸▸ 위의 보기와 같이 왼손은 코드로 치면서 양손을 연습해 보자.

1 가을바람

※ 작사 • 작곡/ 김규환 • 제목/ 가을바람

2 일년은

※ 작사 • 작곡/ 임혜정 • 제목/ 일년은

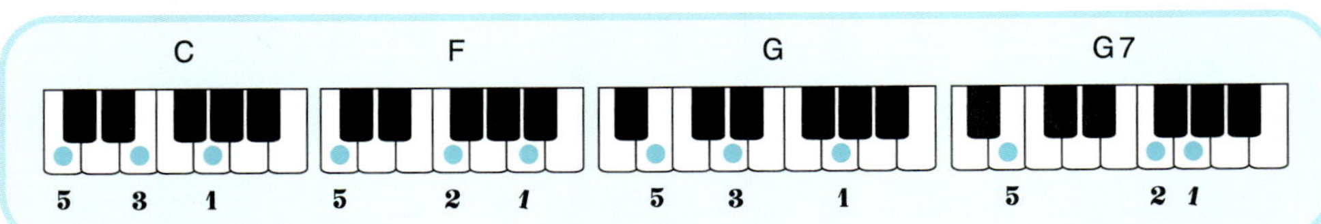

3 밀과 보리가 자라네

※ 외국곡 • 제목/ 밀과 보리가 자라네

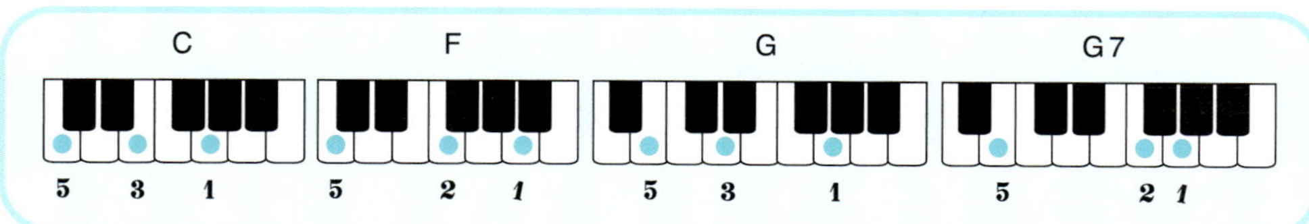

4 나는 기쁘다

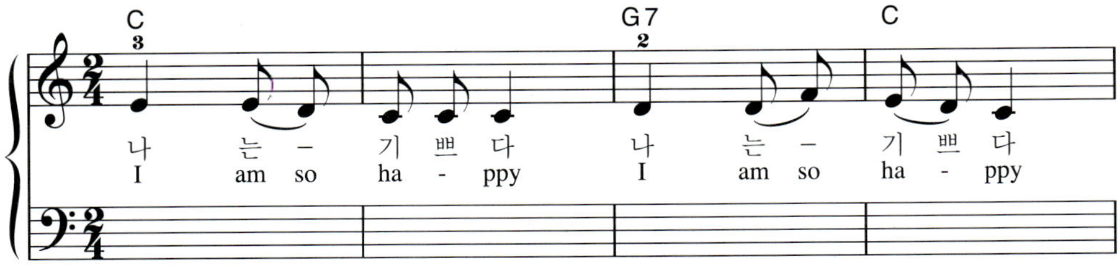

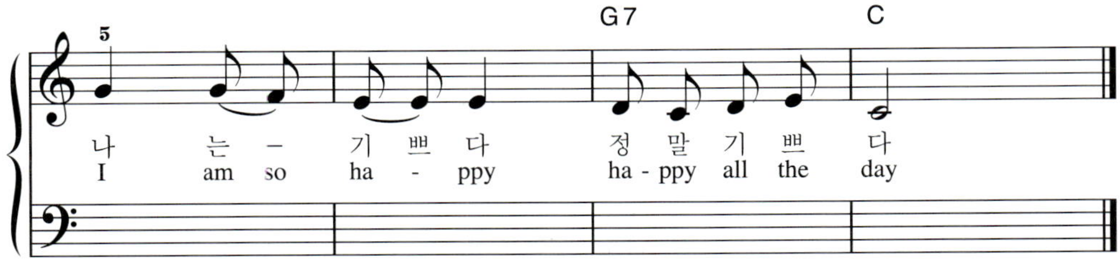

※ 외국곡 • 제목/ 나는 기쁘다

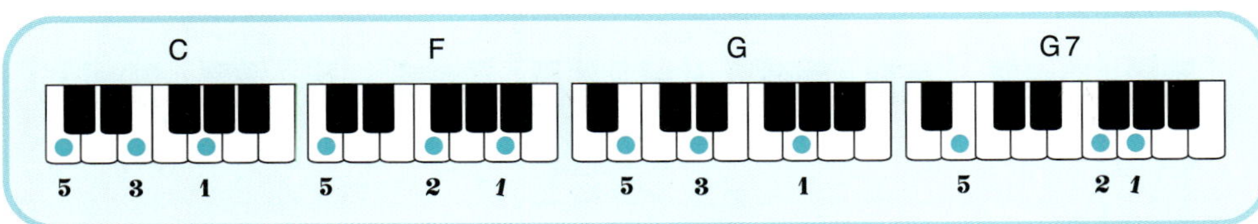

5 털보영감님

※ 작사 • 작곡/ 미상 • 제목/ 털보영감님

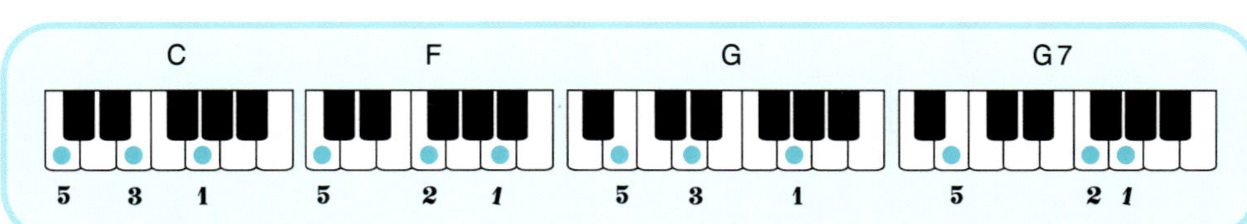

6 요기여기

※ 작사/ 김정순 • 작곡/ 김숙경 • 제목/ 요기여기

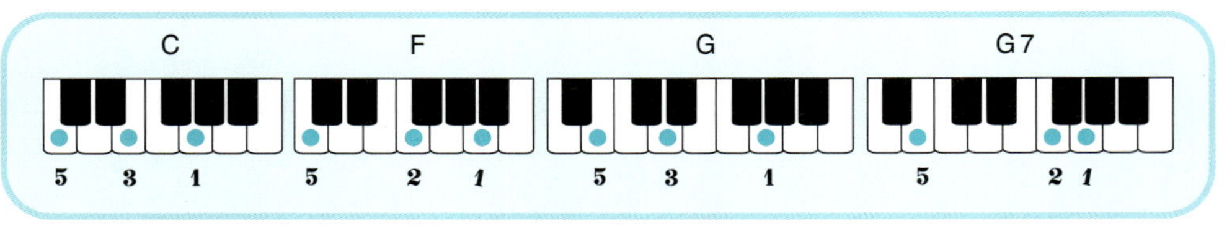

7 돌아돌아

※ 작사 • 작곡/ 이요섭 • 제목/ 돌아돌아

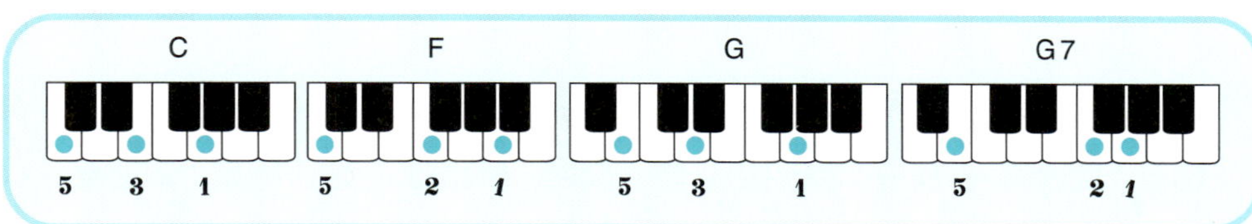

8 '리' 자로 끝나는 말은

※ 작사/ 윤석중 • 작곡/ 외국곡 • 제목/ '리' 자로 끝나는 말은

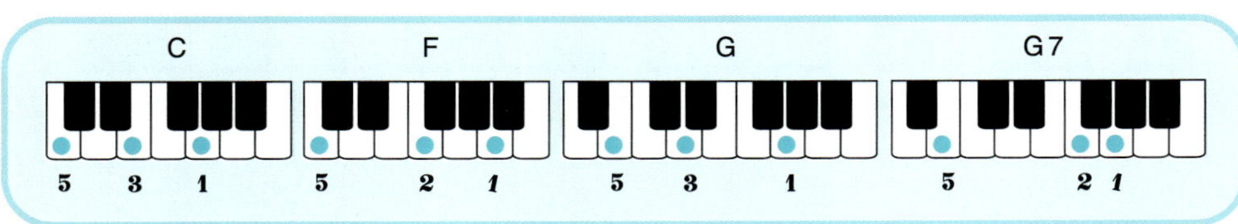

9 세계의 아침인사

※ 작사 • 작곡/ 윤현진 • 제목/ 세계의 아침인사

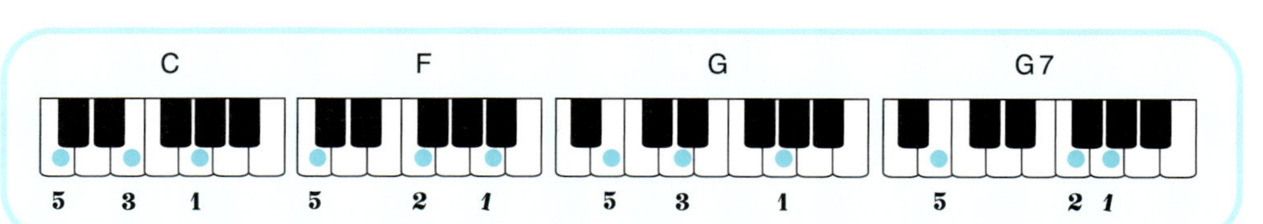

■ 양손 2단계 반주 연습 – 밀집형 반주하기

– 보기와 같이 왼손을 밀집형으로 반주해 보자.

보 기

※ 작사/ 홍은선 • 작곡/ 김공선 • 제목/ 유치원 원가

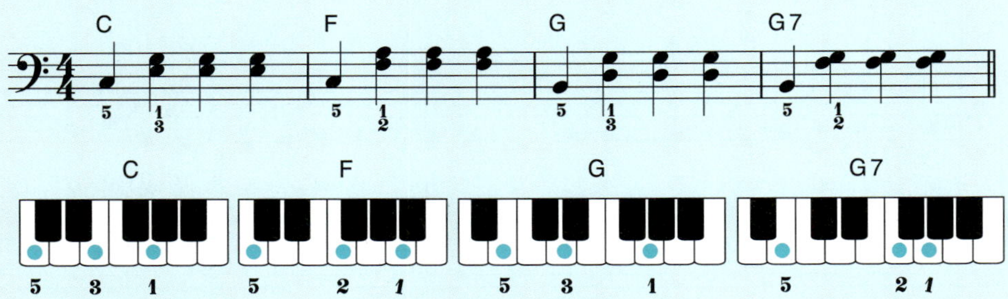

▸▸▸ 위의 보기와 같이 왼손을 밀집형으로 반주해 보자.

1 인사하세요

※ 작사 • 작곡/ 탁은진 • 제목/ 인사하세요

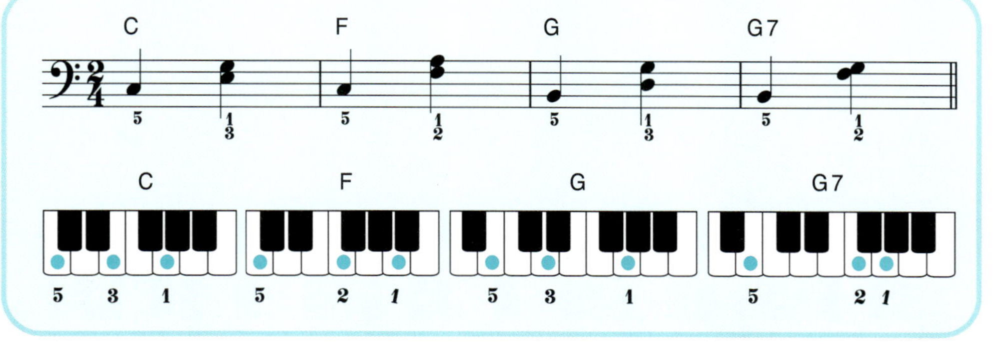

2 설날에

※ 작사 • 작곡/ 유숙자 • 제목/ 설날에

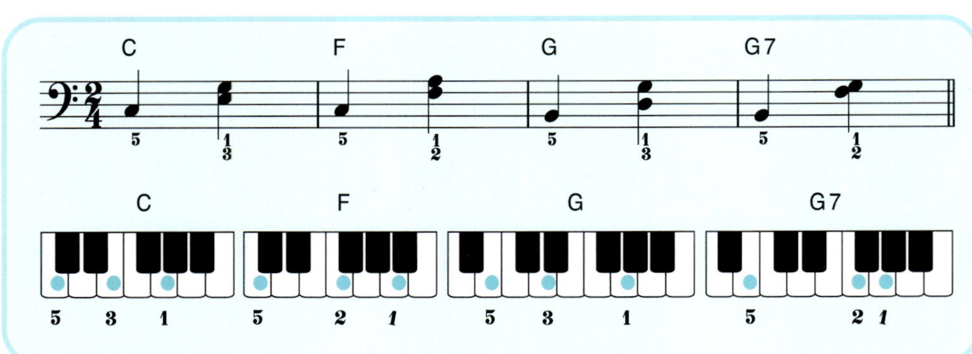

3 나는 누구일까요

※ 작사 • 작곡/ 임혜정 • 제목/ 나는 누구일까요

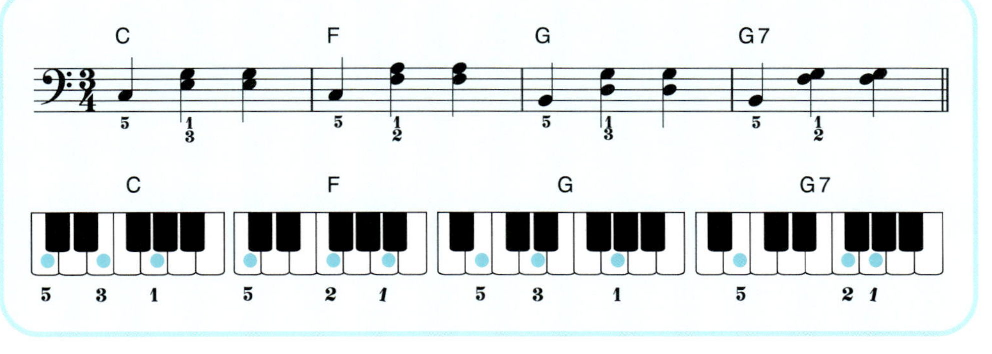

4 매미

* 손가락 번호에 주의하여 연주하자.

※ **작사**/ 이태선 • **작곡**/ 박재훈 • **제목**/ 매미

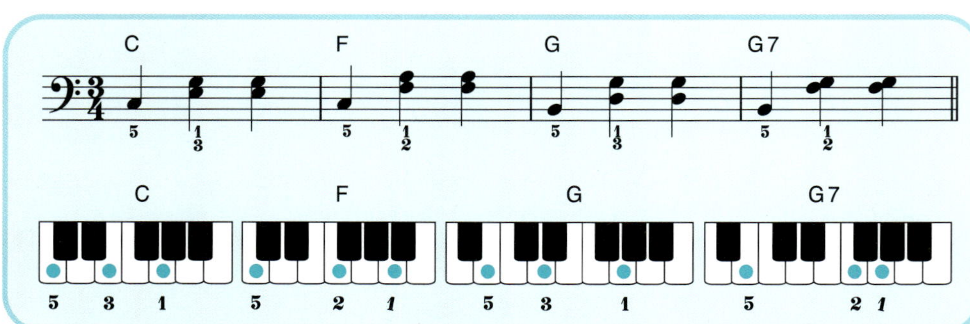

5 모여라

※ 작사 • 작곡/ 미상 • 제목/ 모여라

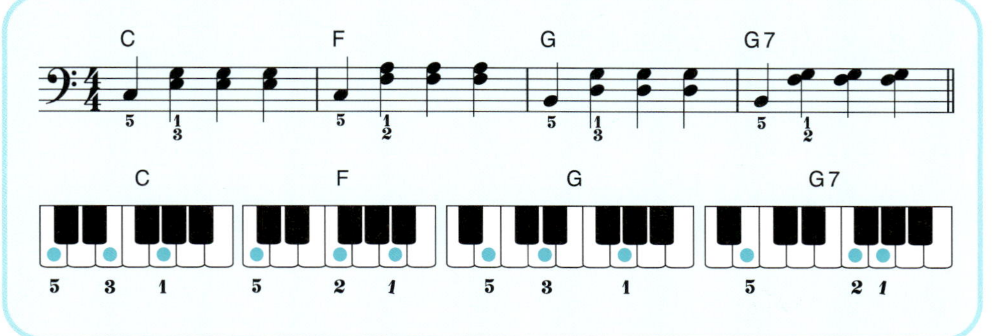

6 곰 세 마리

※ 외국곡 • 제목/ 곰 세 마리

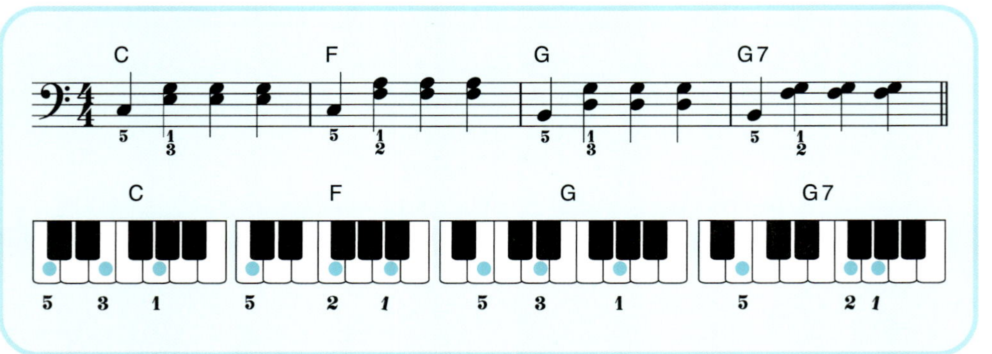

7 머리 어깨 무릎 발

* 손가락 번호에 주의하여 연주하자.

※ 외국곡 • 제목/ 머리 어깨 무릎 발

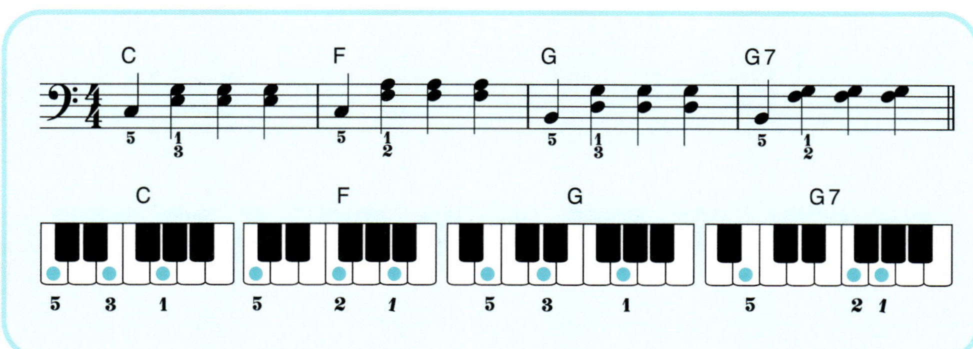

8 색깔놀이

건반을 누른 상태에서 2번 손가락을
3번 손가락으로 바꾸어준다.

※ 작사/ 우종남 • 작곡/ 최수임 • 제목/ 색깔놀이

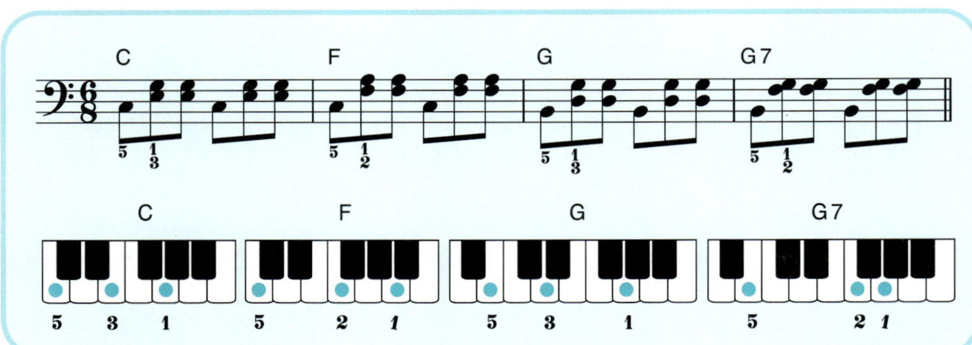

9 무지개

※ **작사**/ 박희각 • **작곡**/ 홍난파 • **제목**/ 무지개

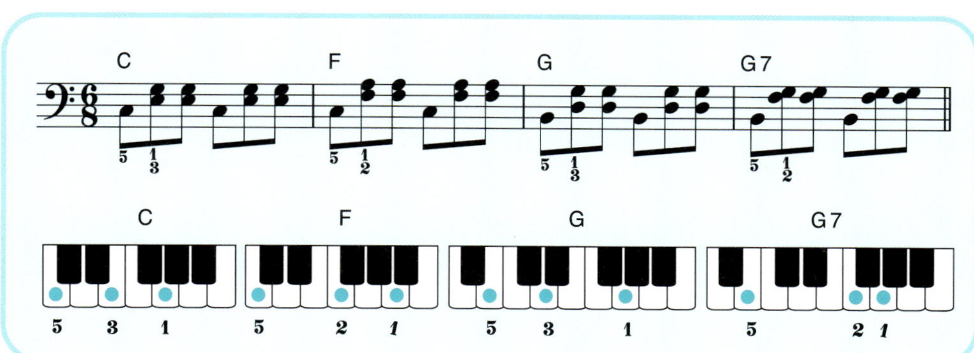

■ 양손 3단계 반주 연습 – 분산형 반주하기

– 보기와 같이 왼손을 분산형으로 반주해 보자.

보 기

※ **작사**/ 박경종 • **작곡**/ 정혜옥 • **제목**/ 용서하는 아이

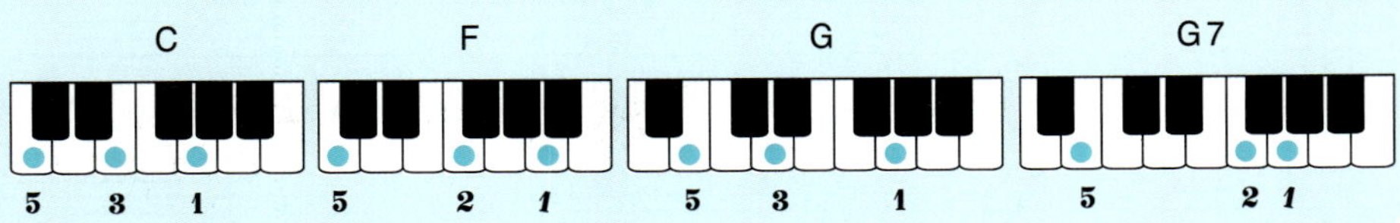

▸▸▸ 위의 보기와 같이 왼손을 분산형으로 반주해 보자.

1 악기놀이

※ 작사 • 작곡/ 임혜정 • 제목/ 악기놀이

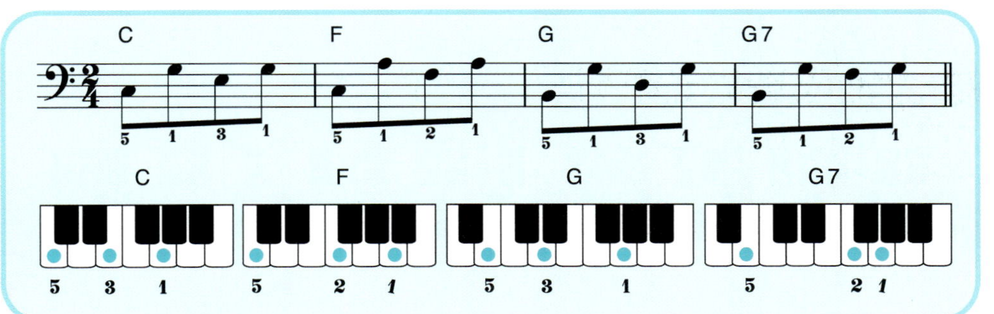

2 큰 마음

한 박자 단위로 화음이 바뀌므로 코드로 치는 것이 좋다.

※ **작사**/ 이병록 • **작곡**/ 전규희 • **제목**/ 큰 마음

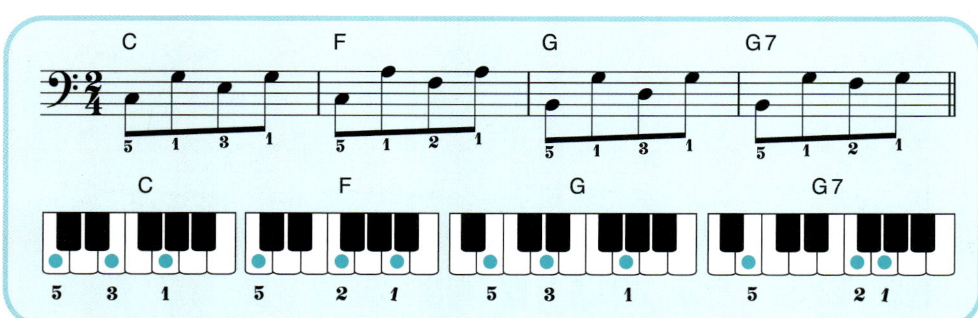

3 예쁜 마음

※ 작사 • 작곡/ 홍귀숙 • 제목/ 예쁜 마음

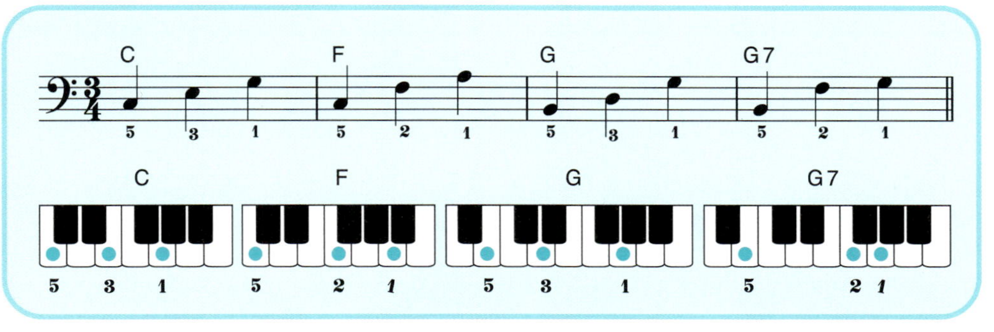

4 여름 냇가

※ 작사/ 황금녀 • 작곡/ 박재훈 • 제목/ 여름 냇가

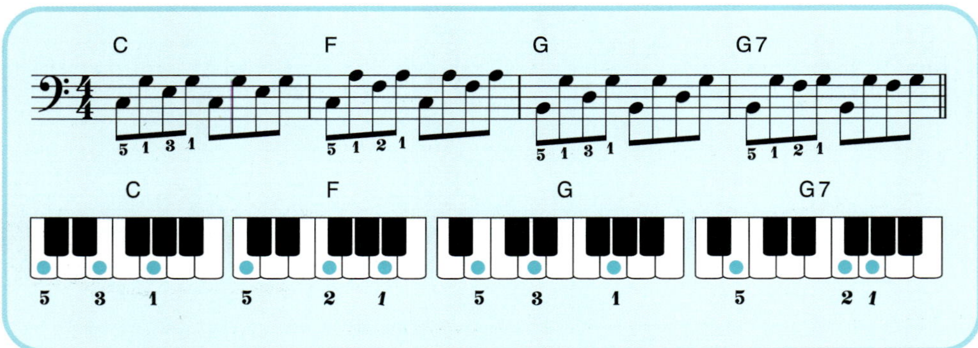

5 돌과 물

└ 한 마디에 두 개의 코드임. 그러므로 한 마디를 둘로 나누어 C 코드와 G_7 코드에 각각 를 한 번씩 넣는다.

※ 작사/ 윤석중 • 작곡/ 김규환 • 제목/ 돌과 물

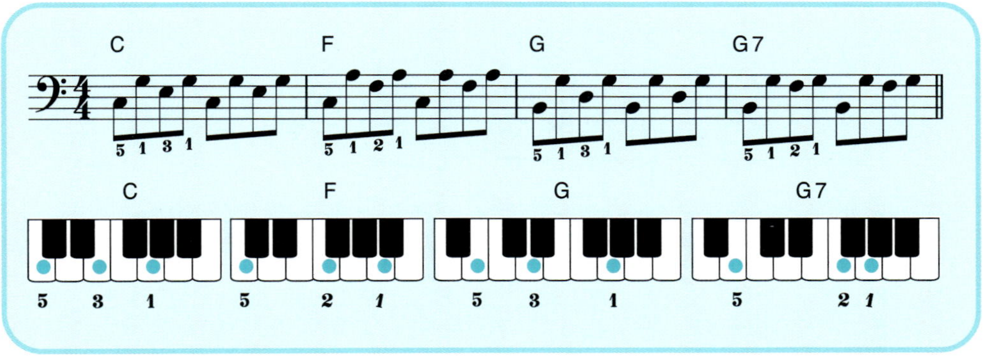

6 도레미 노래

※ 작사 • 작곡/ 이계석 • 제목/ 도레미 노래

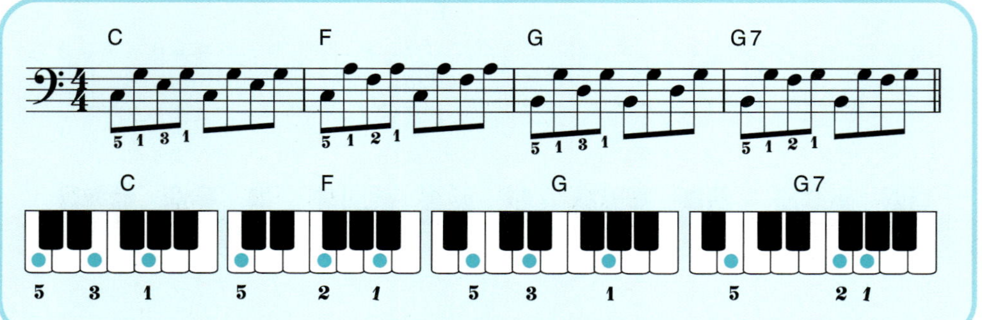

7 큰나무 되어

※ 작사 • 작곡/ 윤대근 • 제목/ 큰나무 되어

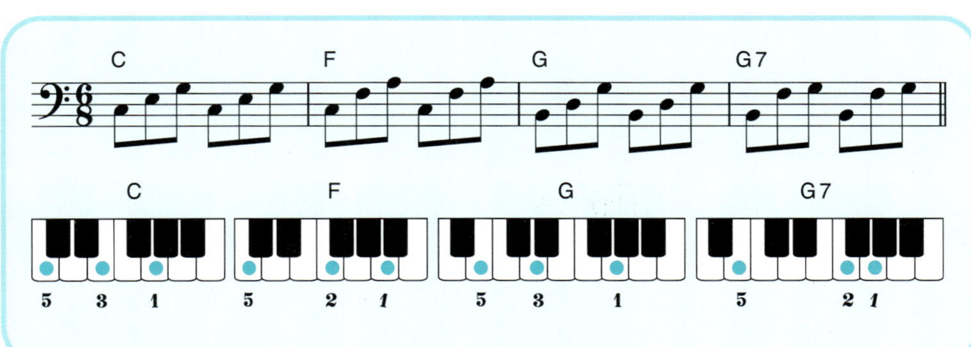

(2) G장조(사장조) 연습

① 주요 3화음

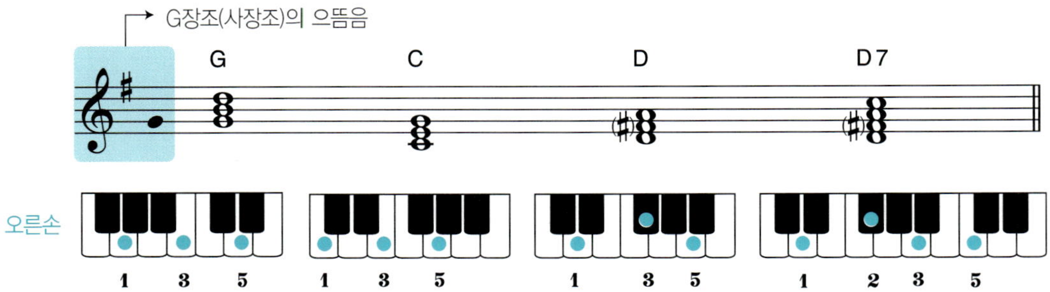

TEACHING POINT

D 코드에서는 D 코드(딸림3화음)와 D7(딸림7화음)이 자유롭게 사용될 수 있으나 D7 코드가 D 코드보다 더 풍성한 울림을 가져다주므로 더 즐겨 사용된다.

▶▶▶ 낮은음자리표로 전환

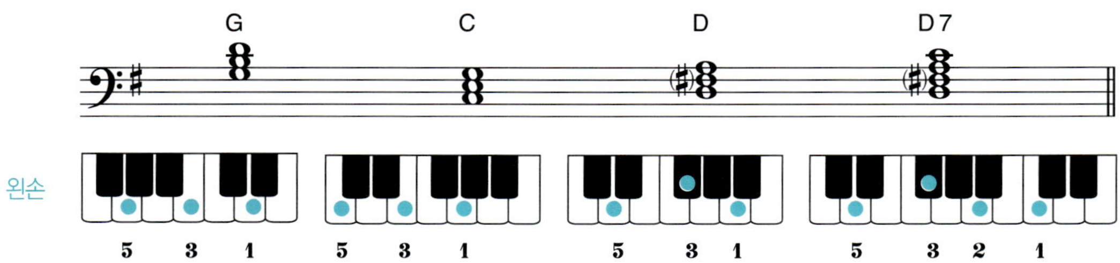

▶▶▶ 자리바꿈형

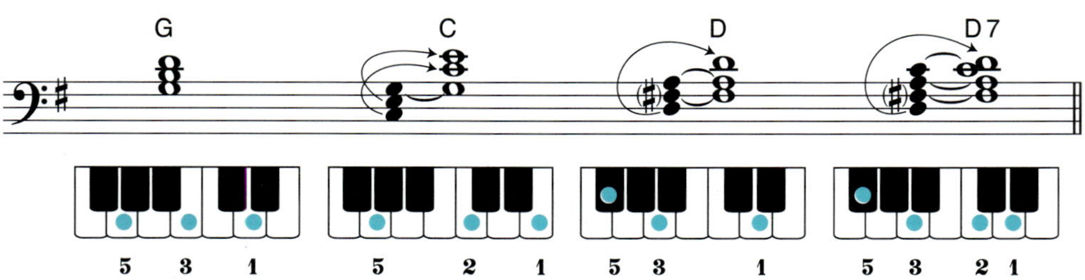

TEACHING POINT

화음을 연결할 때는 손가락의 움직임이 너무 멀지 않도록 가깝게 진행하는 것이 좋으므로 반주 시에는 자리바꿈형을 주로 사용한다.

② 코드 기호를 보고 치기

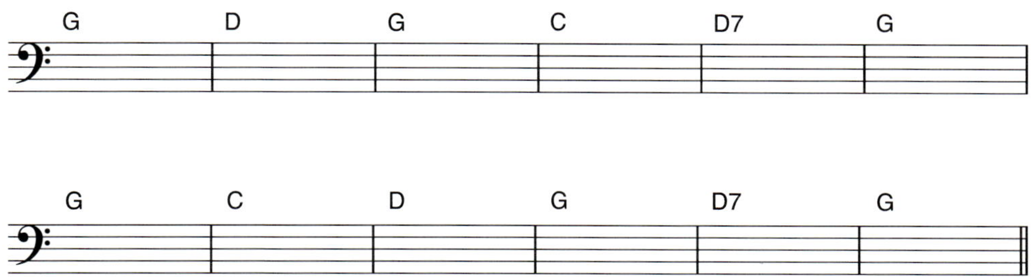

TEACHING POINT

G장조(사장조)의 주요 3화음인 G, C, D(혹은 D7) 코드는 G장조에서 가장 많이 사용되는 화음이므로 익숙해질 때까지 충분히 연습하는 것이 필요하다.

③ $\frac{2}{4}$박자 반주 연습

▸▸▸ 밀집형 반주 연습

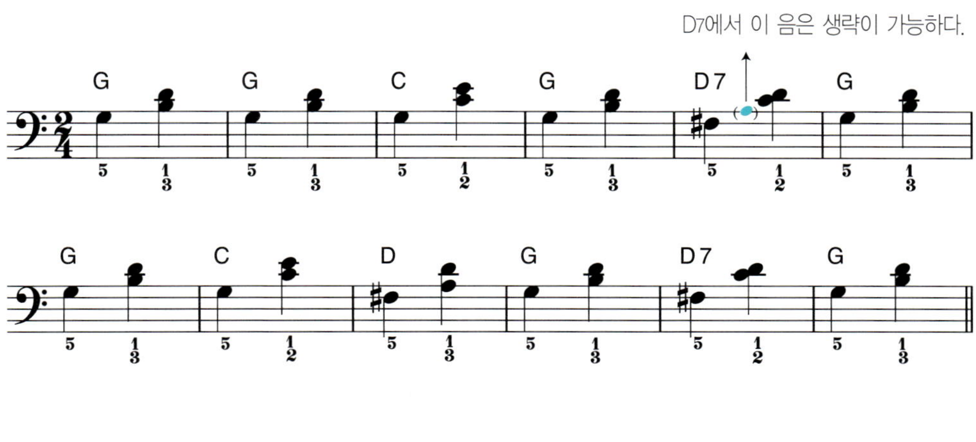

▶▶▶ 위의 반주형으로 반주 넣어보기

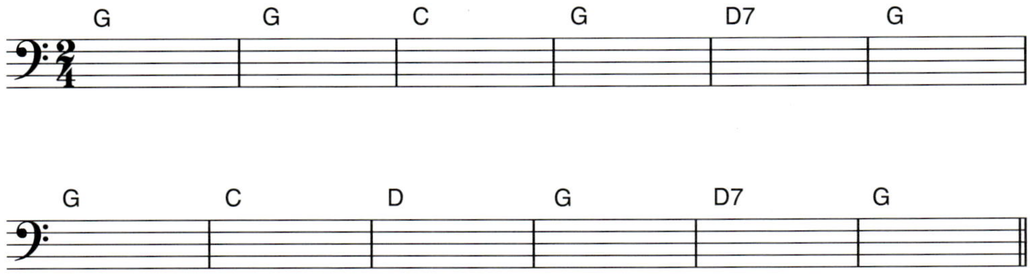

▶▶▶ 펼침형 반주 연습

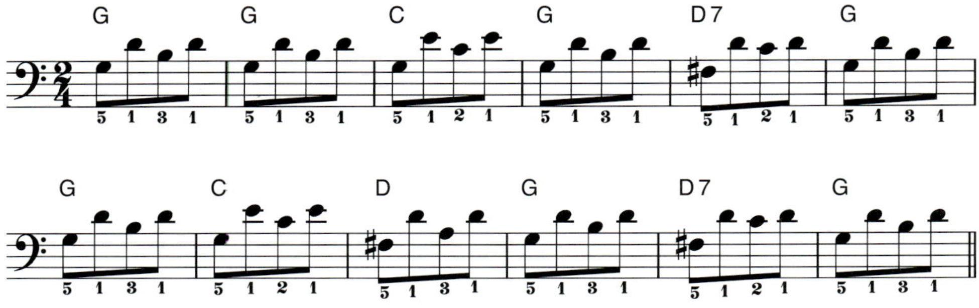

▶▶▶ 위의 반주형으로 반주 넣어보기

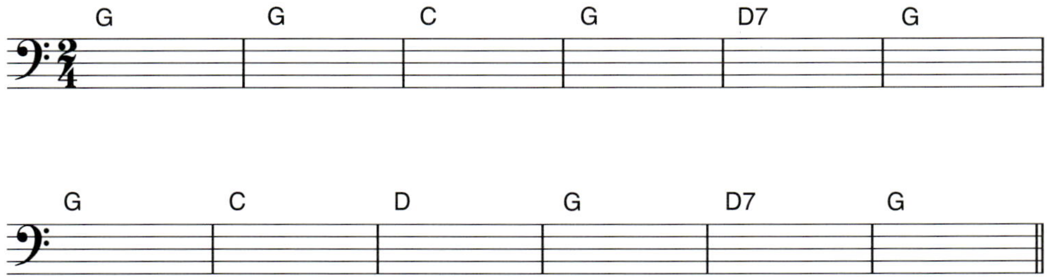

④ $\frac{3}{4}$박자 반주 연습

▸▸▸ 밀집형 반주 연습

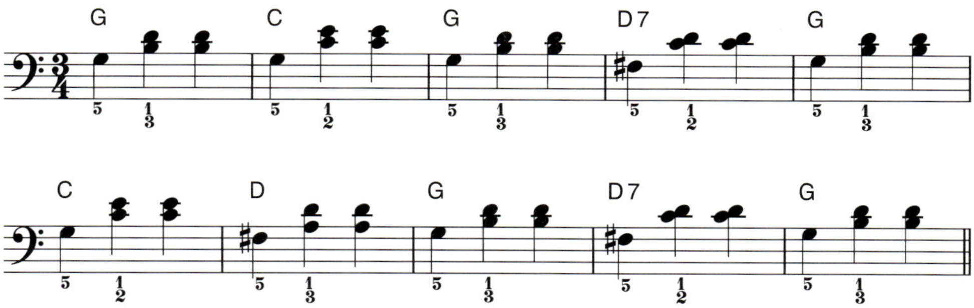

▸▸▸ 위의 반주형으로 반주 넣어보기

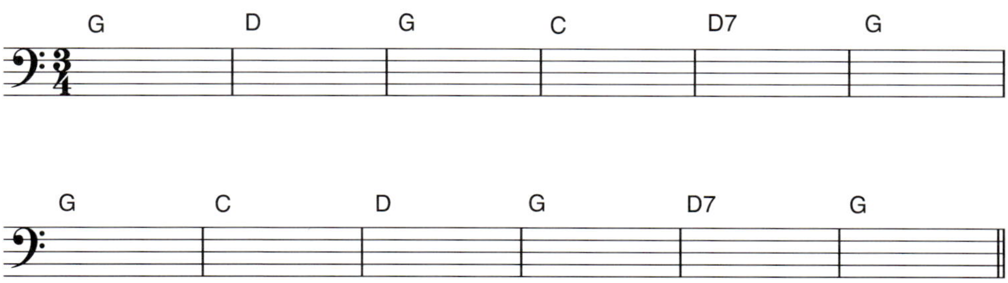

▸▸▸ 펼침형 반주 연습

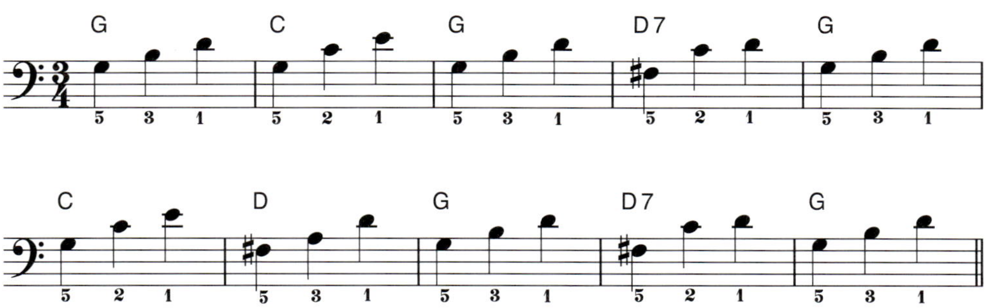

▸▸▸ 위의 반주형으로 반주 넣어보기

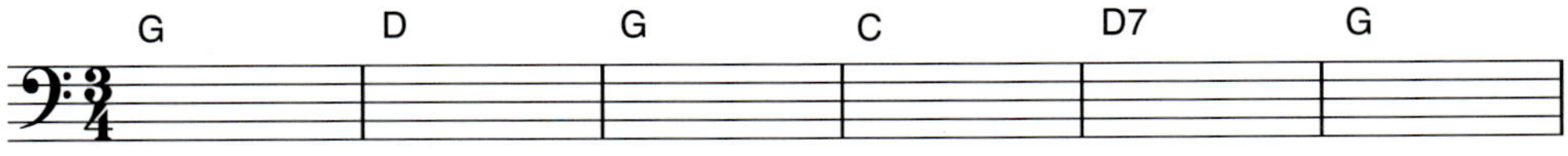

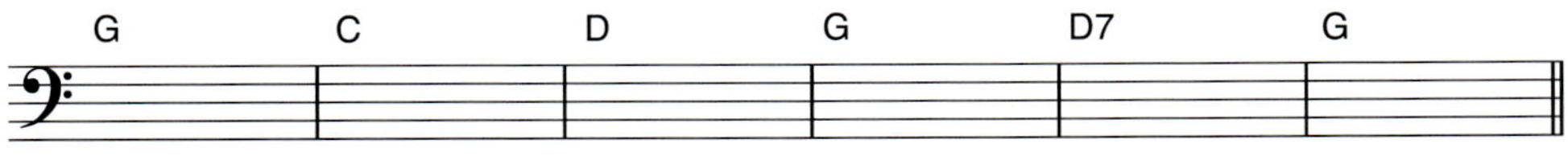

▸▸▸ 펼침형 반주 연습

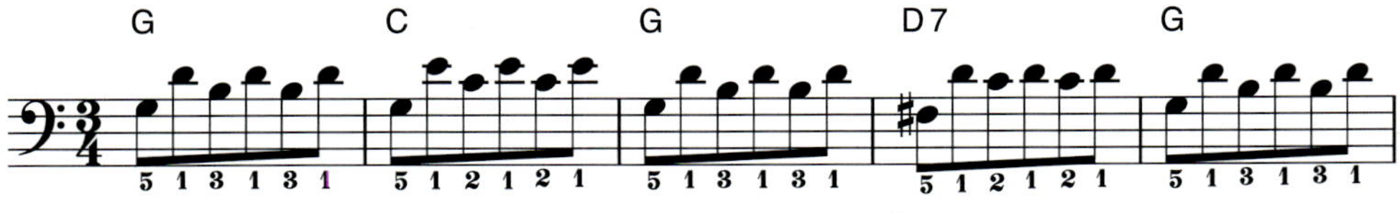

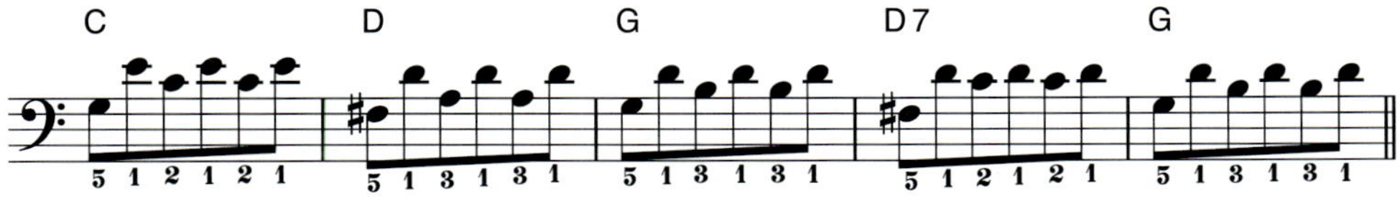

▸▸▸ 위의 반주형으로 반주 넣어보기

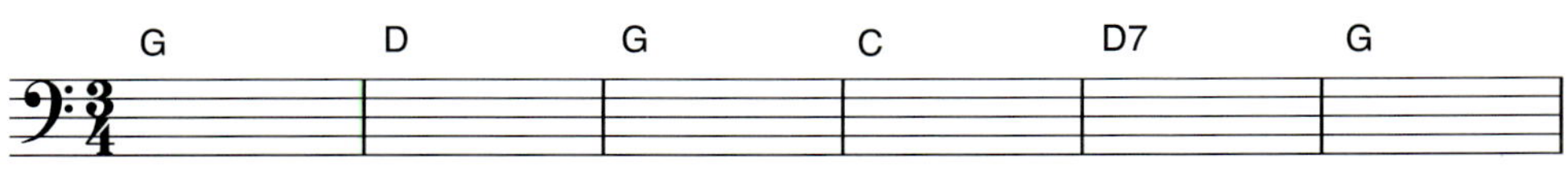

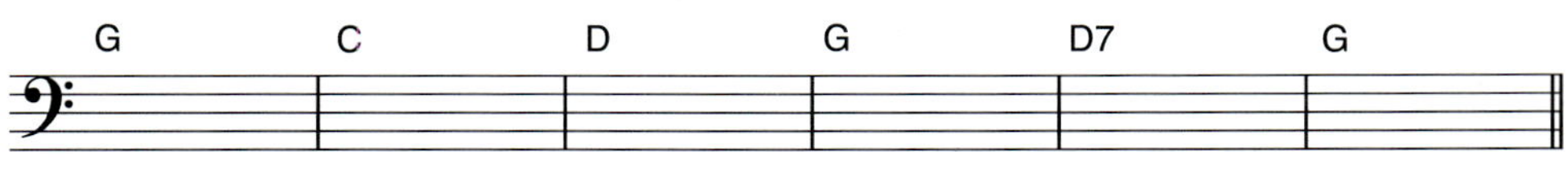

⑤ $\frac{4}{4}$ 박자 반주 연습

▶▶▶ 밀집형 반주 연습

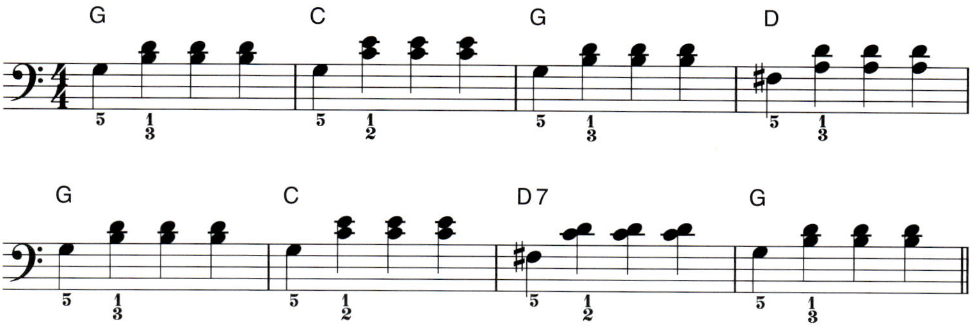

▶▶▶ 위의 반주형으로 반주 넣어보기

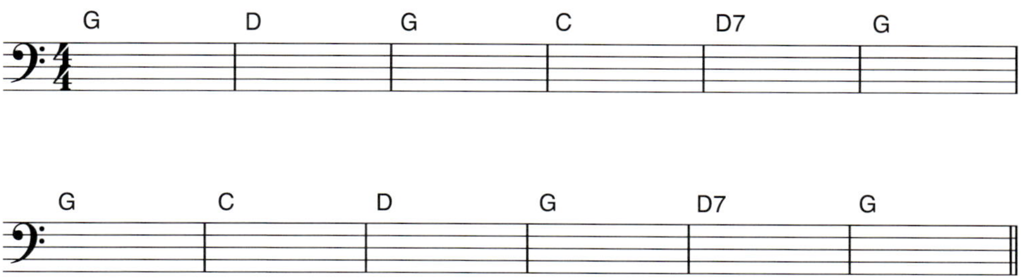

▶▶▶ 펼침형 반주 연습

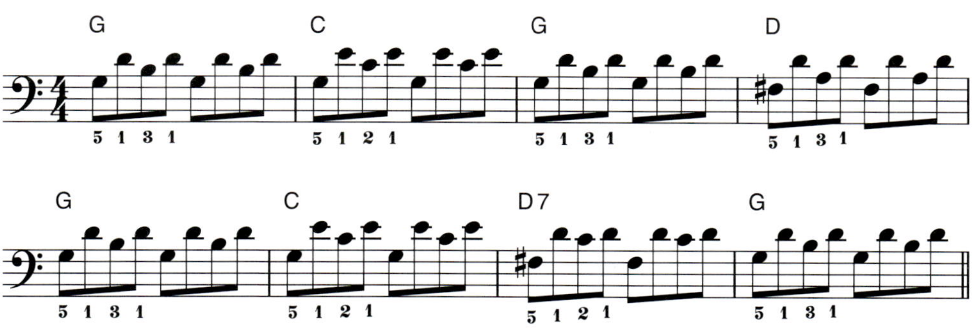

▶▶▶ 위의 반주형으로 반주 넣어보기

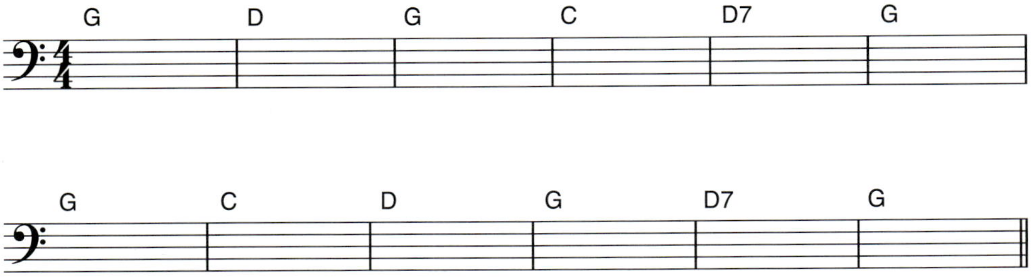

⑥ $\frac{6}{8}$ 박자 반주 연습

▶▶▶ 밀집형 반주 연습

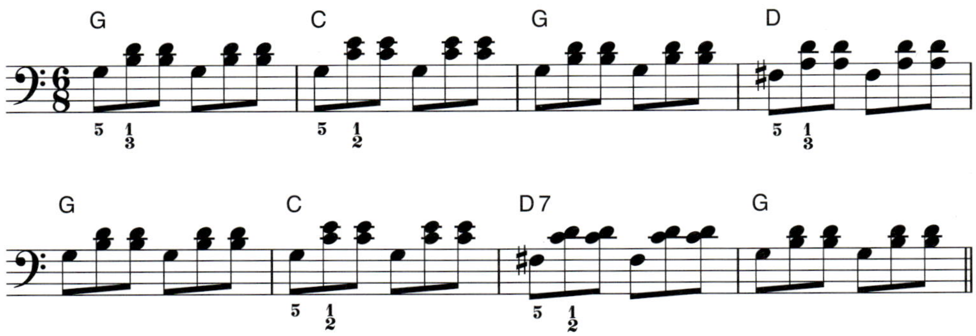

▶▶▶ 위의 반주형으로 반주 넣어보기

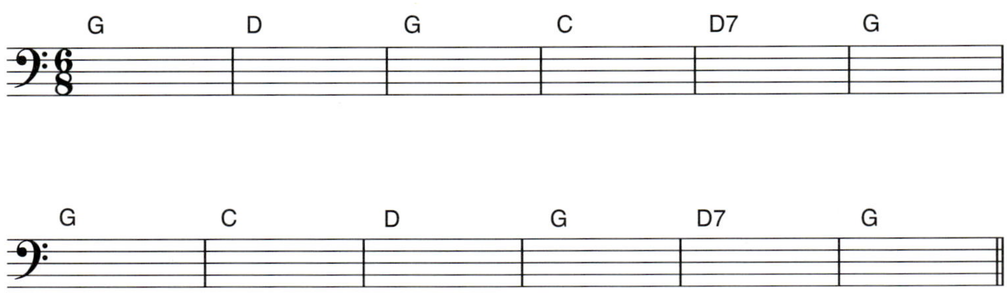

▶▶▶ 펼침형 반주 연습

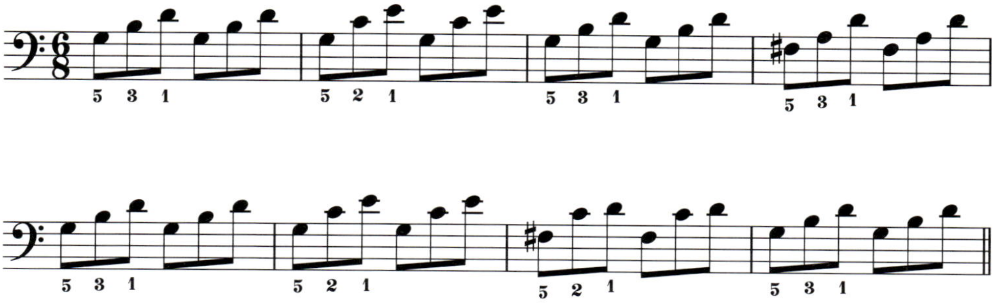

▶▶▶ 위의 반주형으로 반주 넣어보기

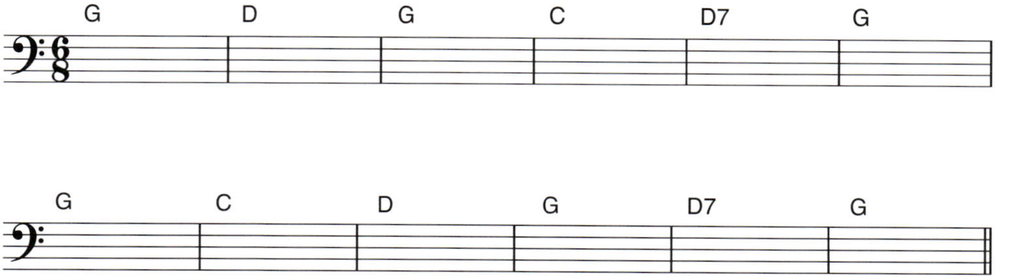

⑦ 양손 1단계 반주 연습 – 코드로 치기

■ 보기와 같이 왼손을 코드로 반주해 보자.

보 기

※ 외국곡 • **제목/** 작은별

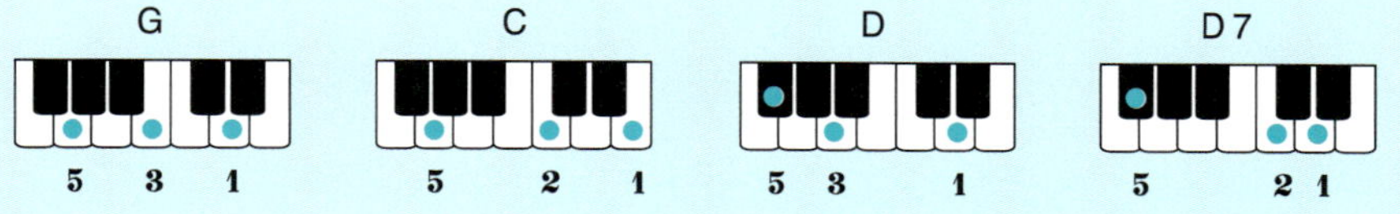

▶▶▶ 위의 보기와 같이 왼손은 코드로 치면서 양손을 연습해 보자.

1 숲 속의 음악가

※ 독일민요 • 제목/ 숲 속의 음악가

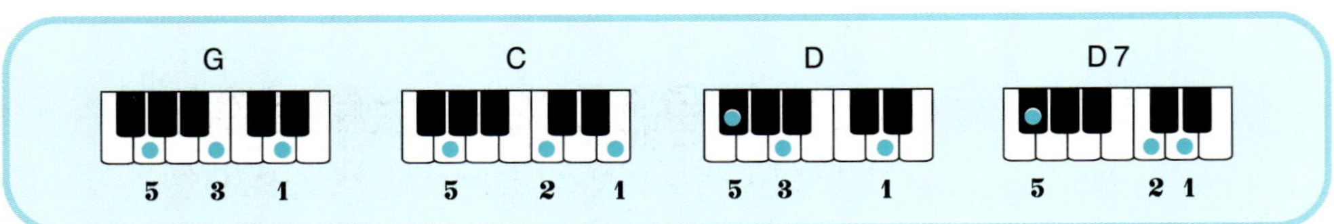

2 오른손 올려

※ 작사 • 작곡/ 미상 • 제목/ 오른손 올려

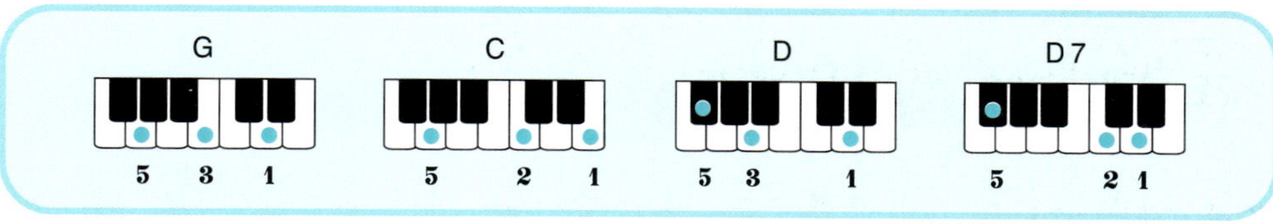

3 보슬비

※ **작사**/ 함처식 • **작곡**/ 장수철 • **제목**/ 보슬비

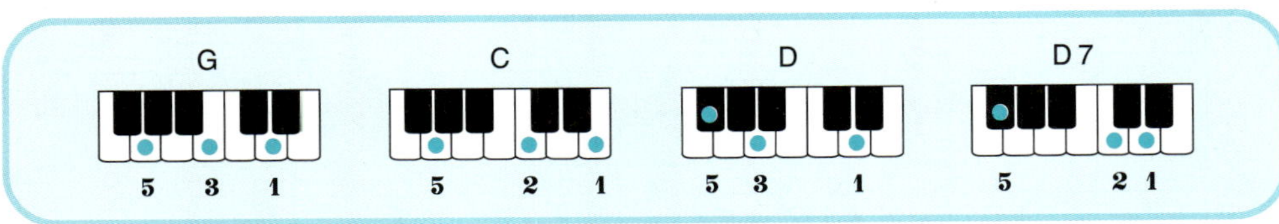

4 주먹 쥐고

※ 외국곡 • 제목/ 주먹 쥐고

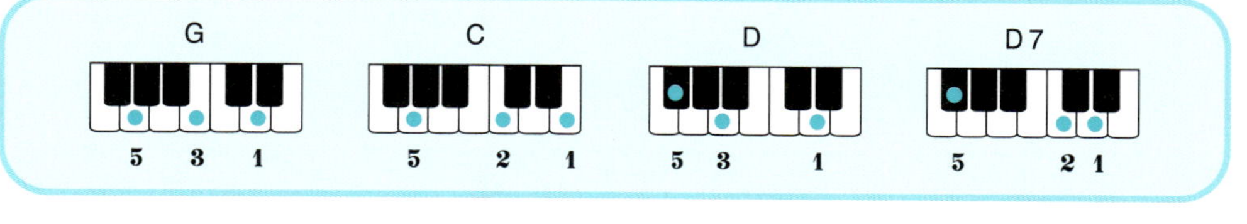

5 싹트네

※ 작사/ 정정명 • 작곡/ 전기영 • 제목/ 싹트네

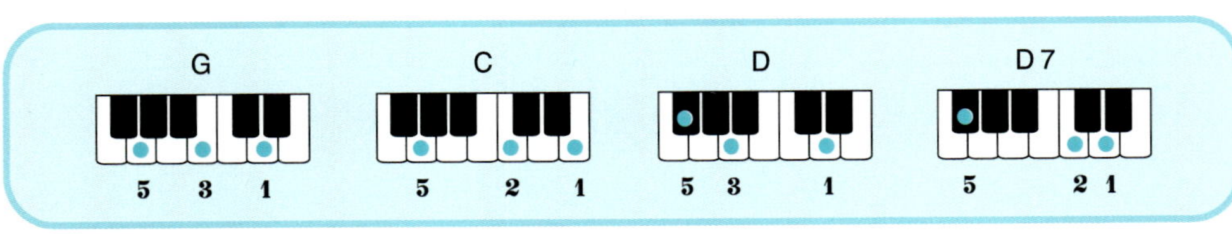

6 인절미와 총각김치

※ 작사 • 작곡/ 미상 • 제목/ 인절미와 총각김치

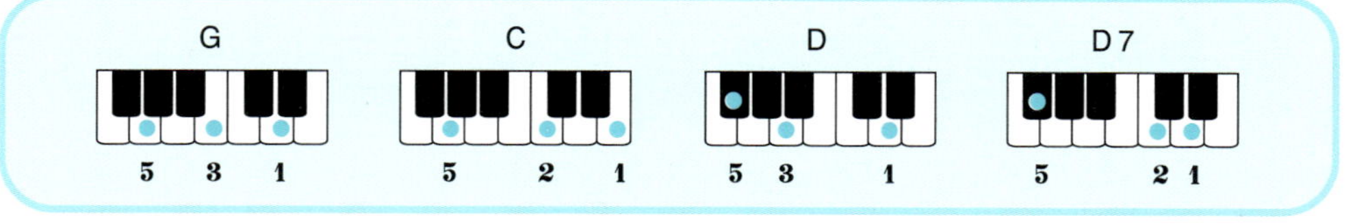

7 아름다운 강 행진곡

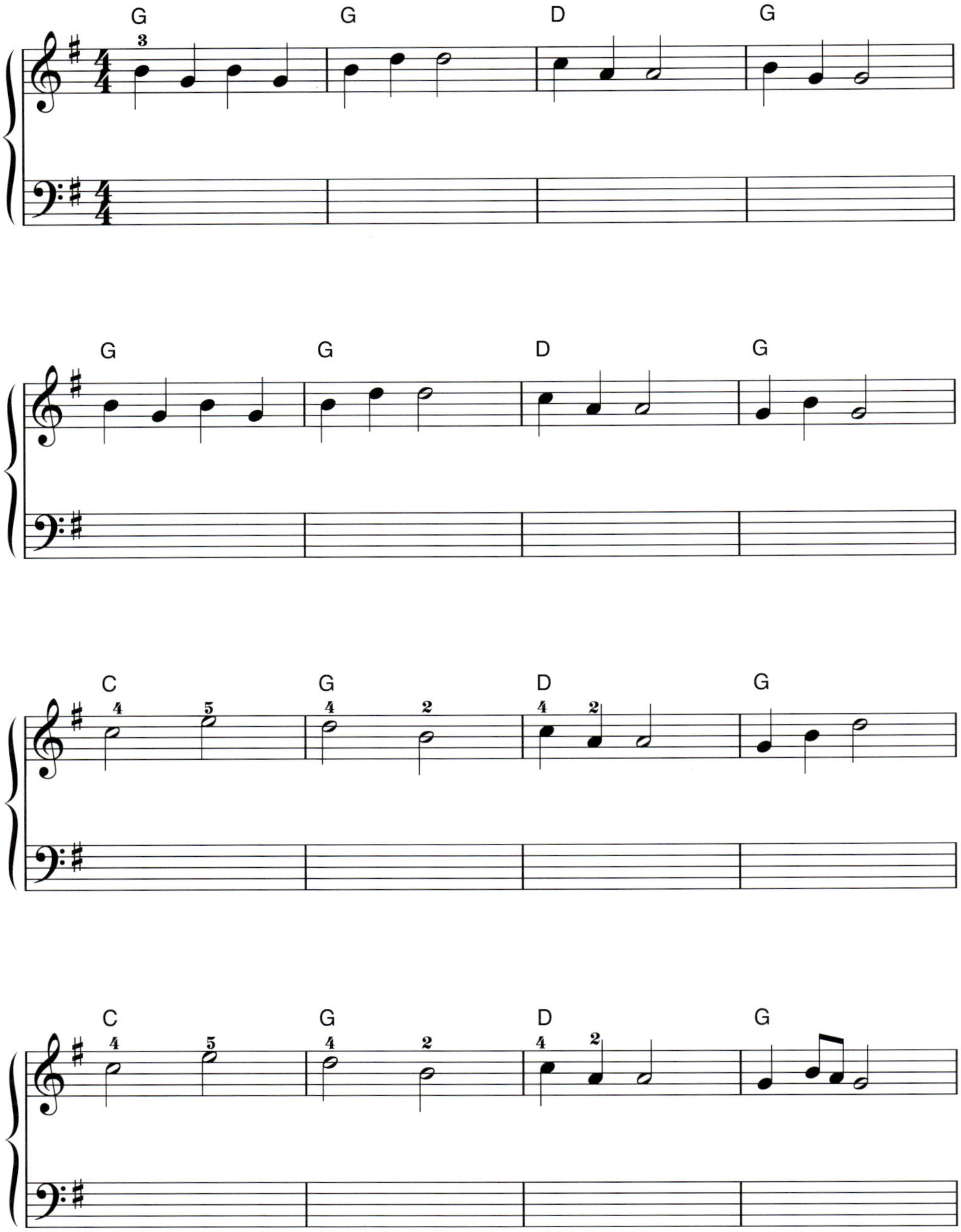
G G D G
3
G G D G
C G D G
4 5 4 2 4 2
C G D G
4 5 4 2 4 2

※ 외국곡 • **제목**/ 아름다운 강 행진곡

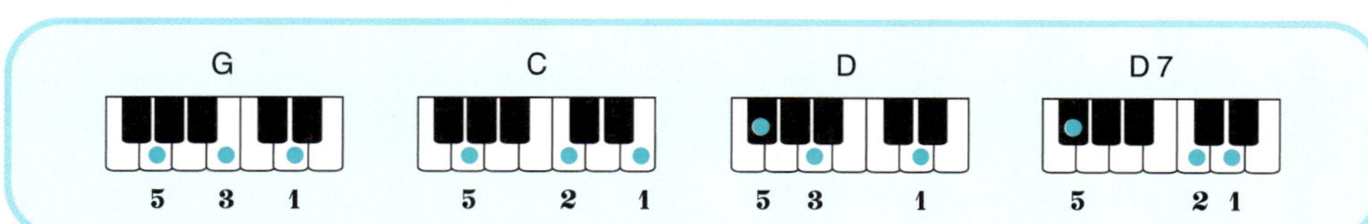

8 과수원길

※ **작사**/ 박화목 • **작곡**/ 김공선 • **제목**/ 과수원길

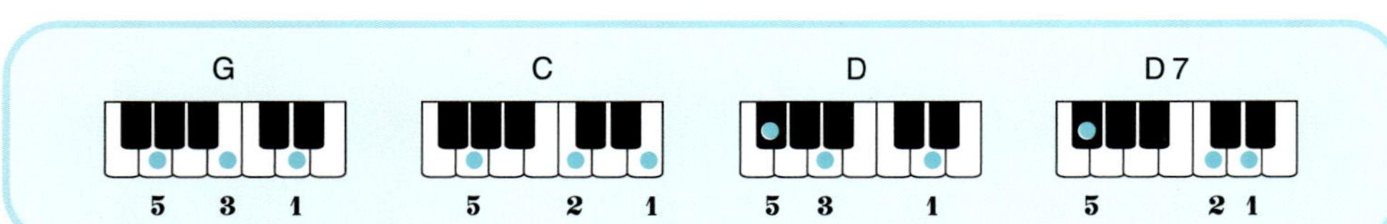

⑧ 양손 2단계 반주 연습 – 밀집형 반주하기

■ 보기와 같이 왼손을 밀집형으로 반주해 보자.

보 기

※ 외국곡 • 제목/ 주먹 쥐고

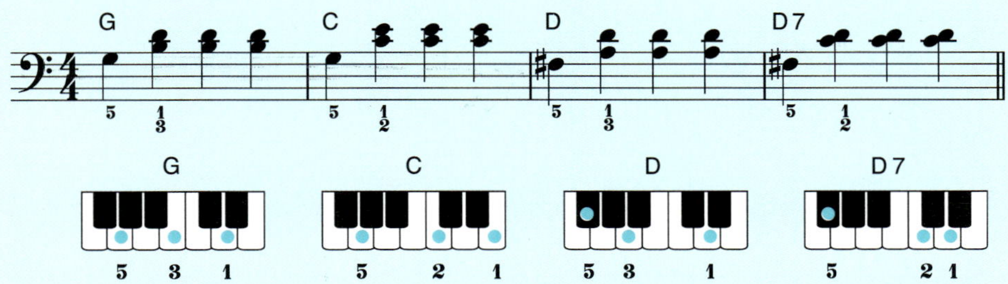

▶▶▶ 위의 보기와 같이 왼손을 밀집형으로 반주해 보자.

1 훌랄라 폴카

※ 작사 • 작곡/ 미상 • 제목/ 훌랄라 폴카

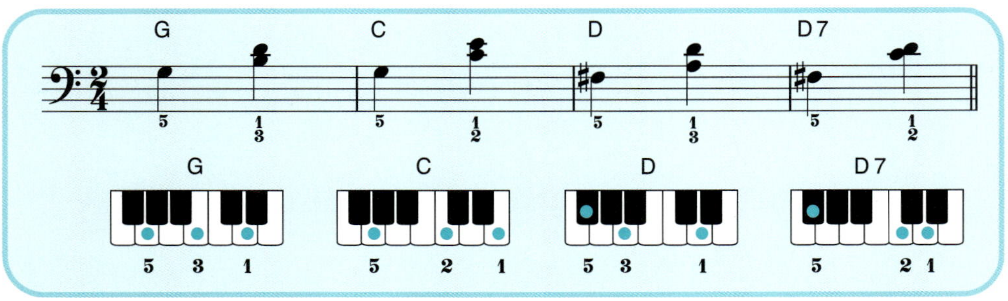

2 빙고

G
앞 집 에 사 는 개 이 름 빙 고 라 지 요
못갖춘마디는 반주하지 않는다.
G C D G
비 아이 엔 쥐 오 비 아이 엔 쥐 오
G D D7 G
비 아이 엔 쥐 오 빙 고 라 지 요

※ 외국곡 • 제목/ 빙고

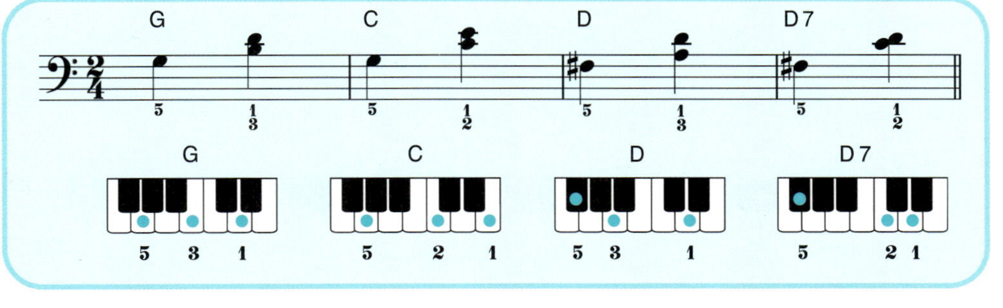
G C D D7
G C D D7

3 이 몸이 새라면

※ 외국곡 • **제목/** 이 몸이 새라면

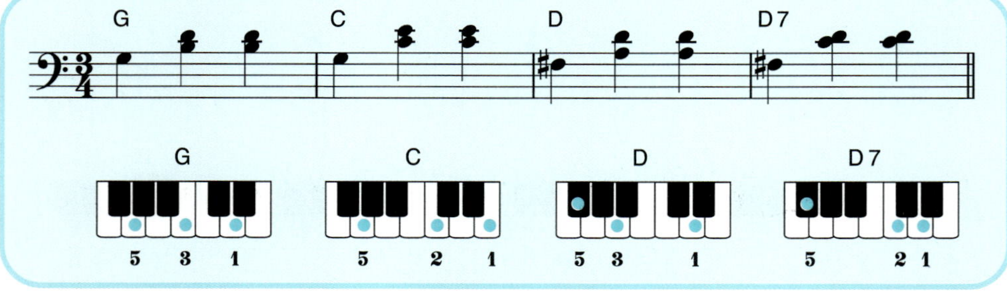

4 수레를 타고

※ 작사/ 윤석중 • 작곡/ 외국곡 • 제목/ 수레를 타고

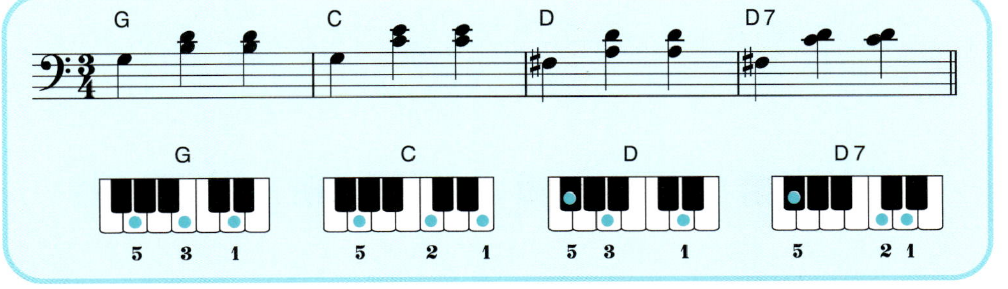

5 자전거

※ 작사 • 작곡/ 윤대근 • 제목/ 자전거

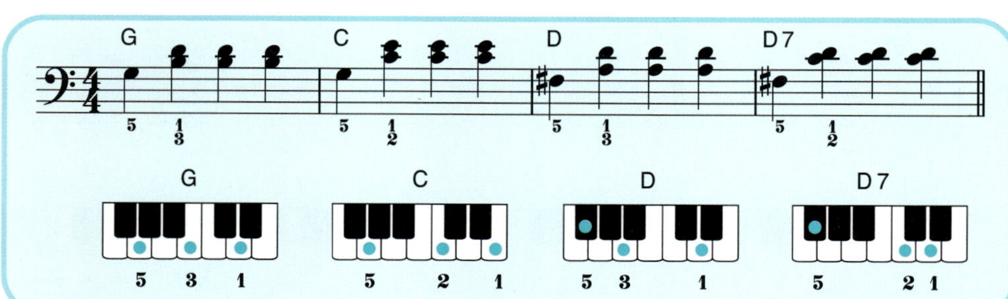

6 굴 속의 곰

※ 외국곡 • 제목/ 굴 속의 곰

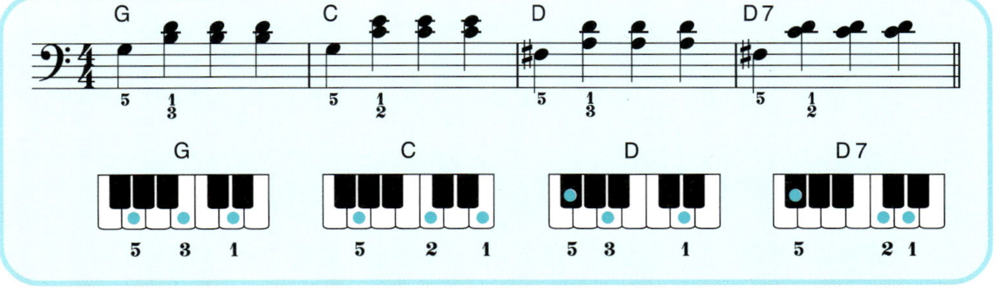

7 생일의 노래

※ 작사/ 이금희 • 작곡/ 박상엽 • 제목/ 생일의 노래

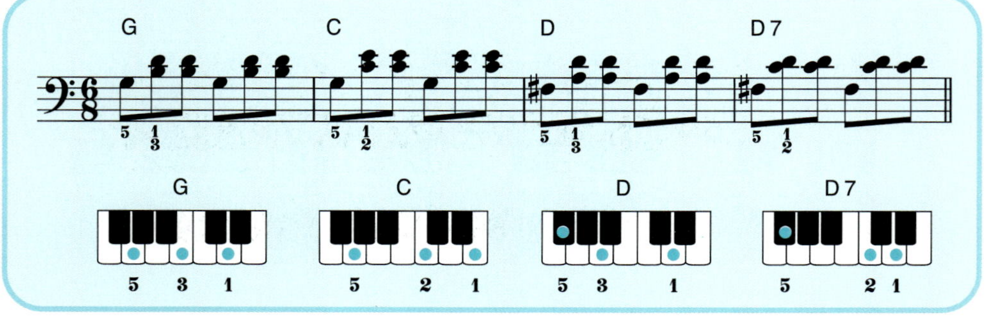

⑨ 양손 3단계 반주 연습 – 분산형 반주하기

■ 보기와 같이 왼손을 분산형으로 반주해 보자.

보 기

※ 외국곡 • 제목/ 숲 속 작은 집

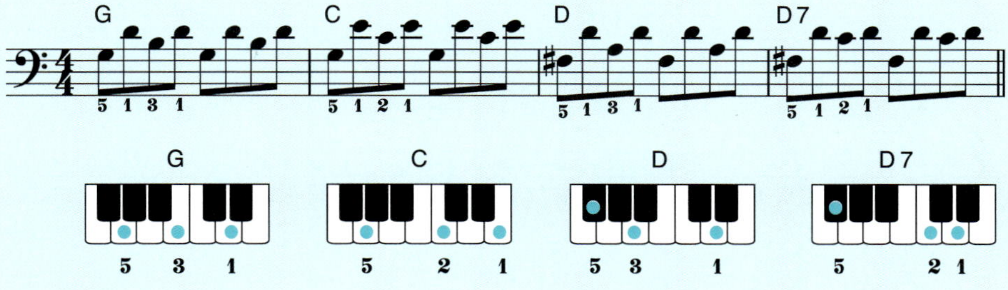

▸▸▸ 위의 보기와 같이 왼손을 분산형으로 반주해 보자.

1 하하하 호호호

※ 작사/ 이세영 • 작곡/ 임혜정 • 제목/ 하하하 호호호

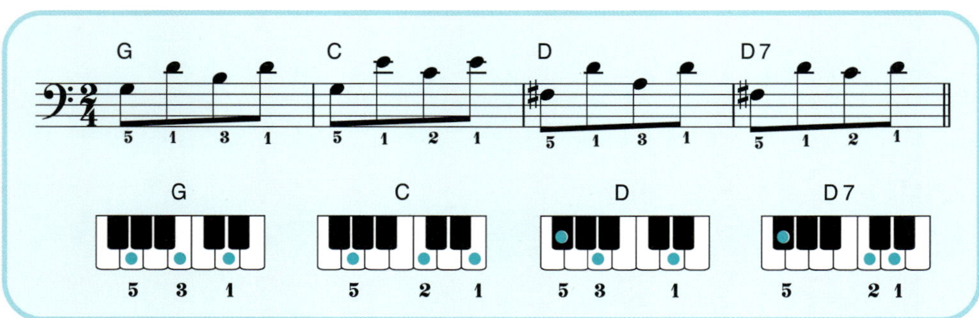

2 오뚜기

※ 작사 • 작곡/ 유희진 • 제목/ 오뚜기

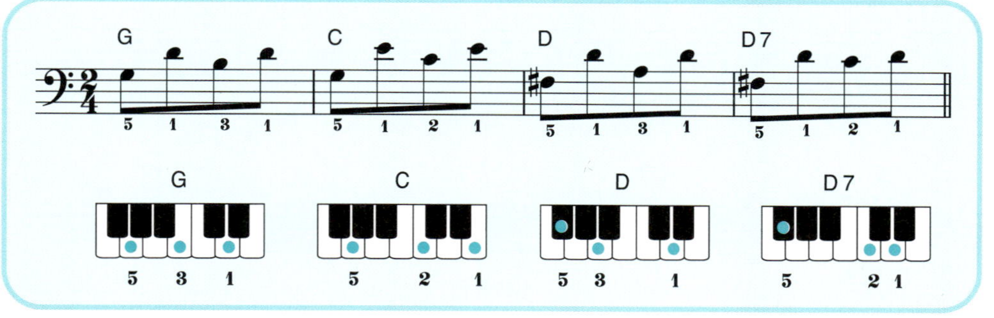

3 에델바이스

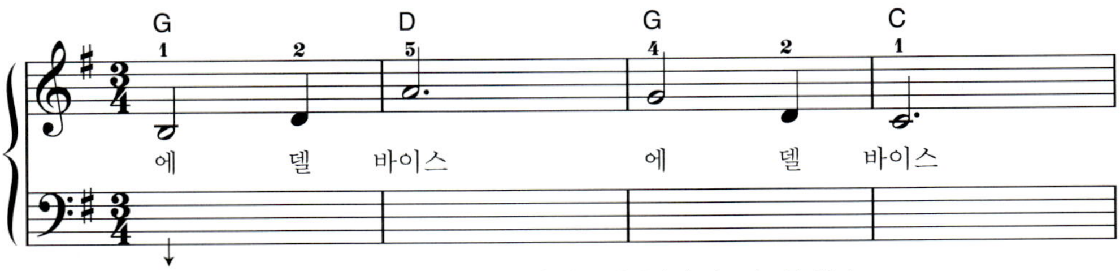

오른손이 낮으므로 왼손은 악보보다 한 옥타브 아래에서 반주하도록 한다.

※ 작사/ 미상 • 작곡/ 리차드 로저스 • 제목/ 에델바이스

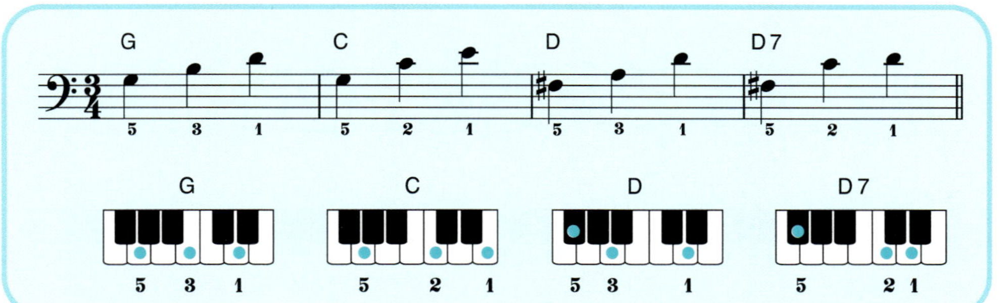

4 스마일 스마일 스마일

※ 외국곡 • 제목/ 스마일 스마일 스마일

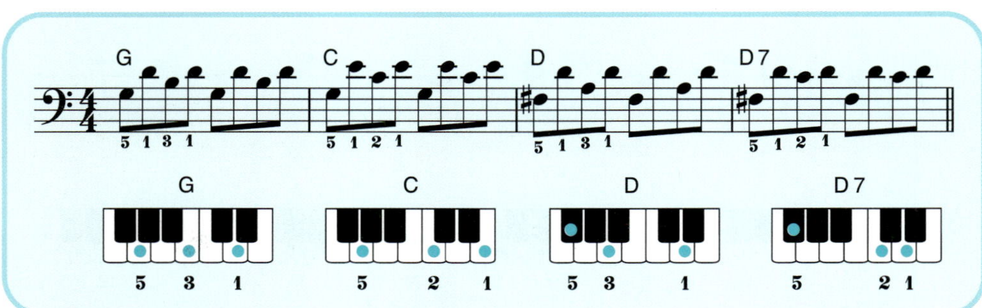

5 환희의 송가

※ 작사/ 미상 • 작곡/ 베토벤 • 제목/ 환희의 송가

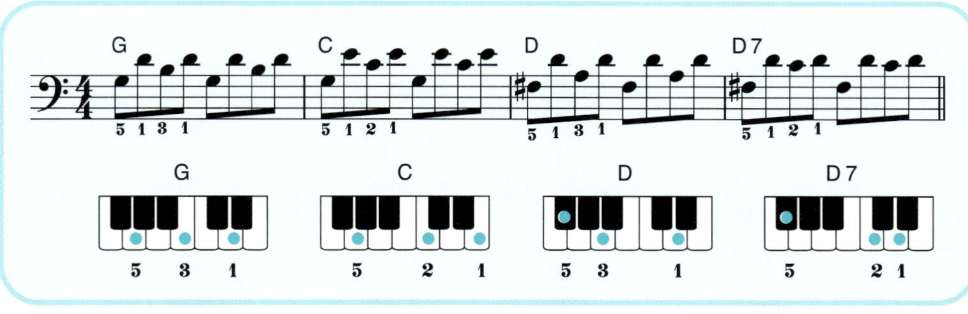

6 꽃노래

※ 작사/ 조봉순 • 작곡/ 조성숙 • 제목/ 꽃노래

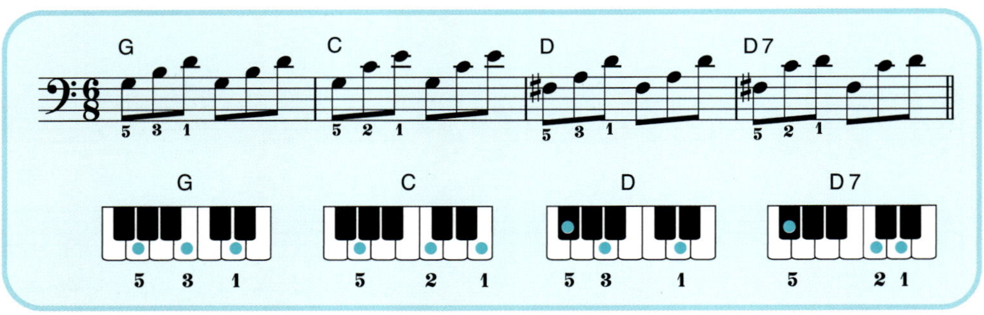

7 등대지기

※ **번역**/ 유경손 • **작곡**/ 영국민요 • **제목**/ 등대지기

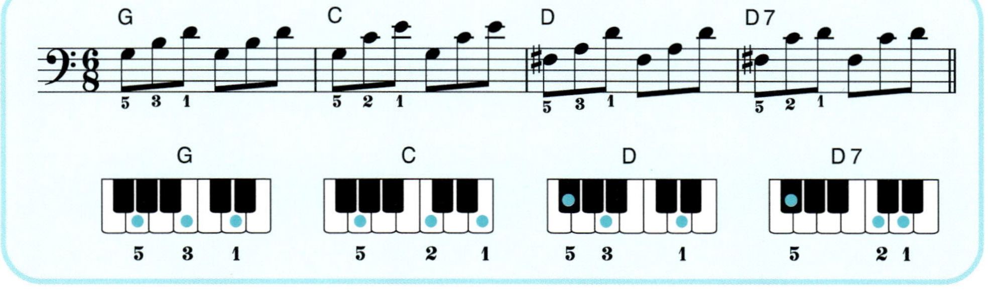

(3) F장조(바장조) 연습

① 주요 3화음

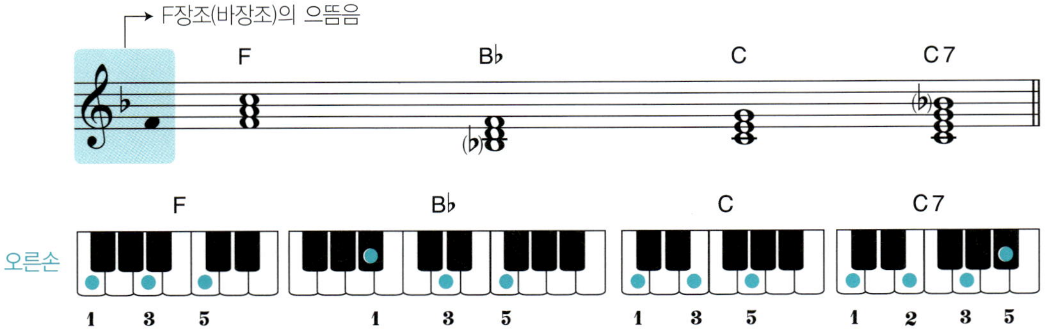

TEACHING POINT

C 코드에서는 C 코드(딸림3화음)와 C7(딸림7화음)이 자유롭게 사용될 수 있으나 C7 코드가 C 코드보다 더 풍성한 울림을 가져다주므로 더 즐겨 사용된다.

▶▶▶ 낮은음자리표로 전환

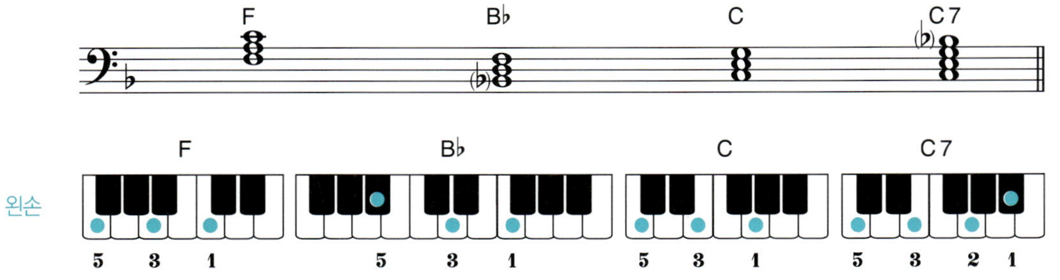

▸▸▸ 자리바꿈형

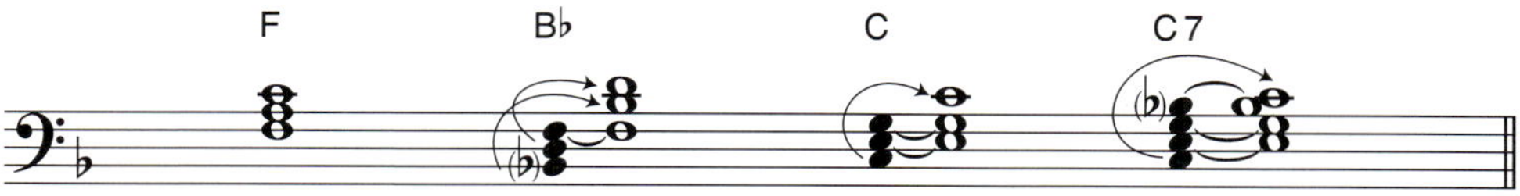

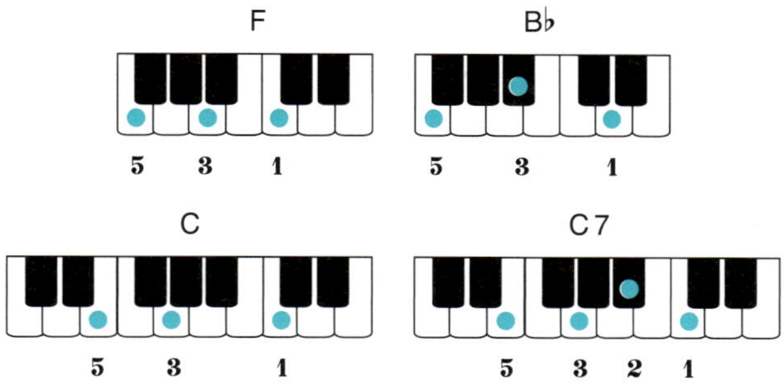

TEACHING POINT

화음을 연결할 때는 손가락의 움직임이 너무 멀지 않도록 가깝게 진행하는 것이 좋으므로 반주 시에는 자리바꿈형을 주로 사용한다.

② 코드 기호를 보고 치기

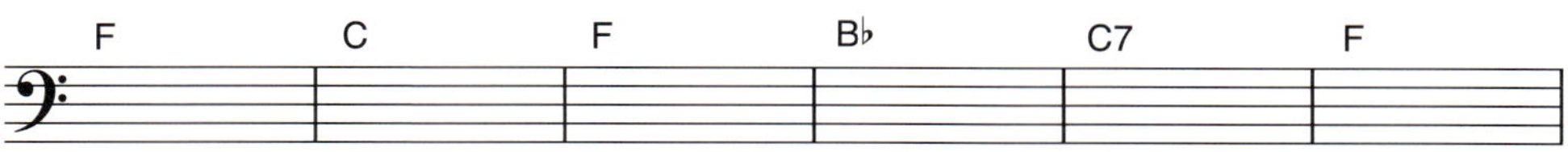

TEACHING POINT

F장조(바장조)의 주요 3화음인 F, B♭, C(혹은 C7) 코드는 F장조에서 가장 많이 사용되는 화음이므로 익숙해질 때까지 충분히 연습하는 것이 필요하다.

③ $\frac{2}{4}$박자 반주 연습

▸▸▸ 밀집형 반주 연습

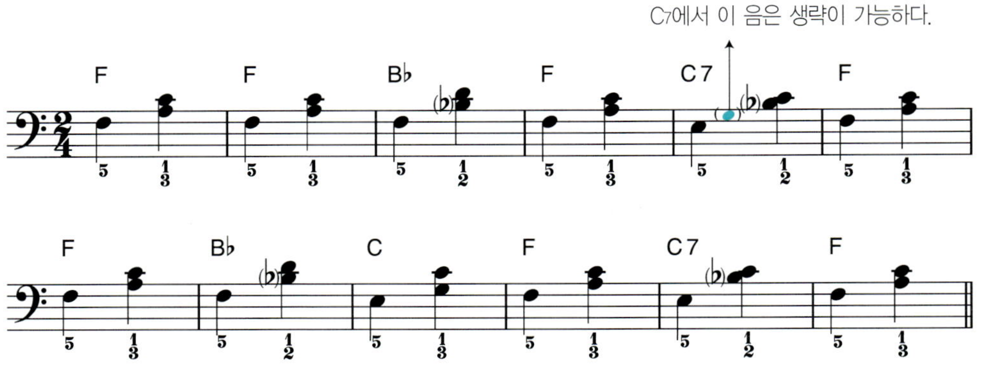

▸▸▸ 위의 반주형으로 반주 넣어보기

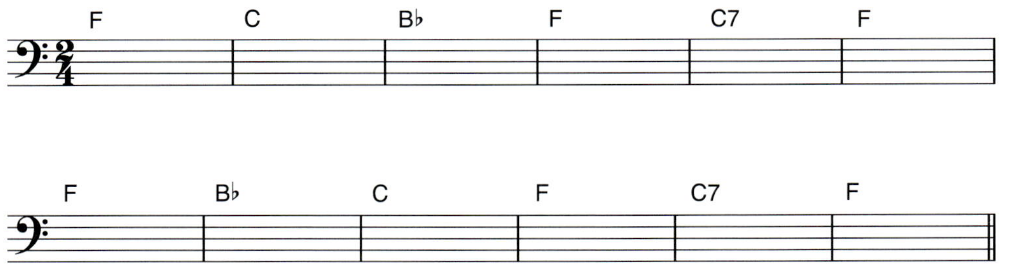

▸▸▸ 펼침형 반주 연습

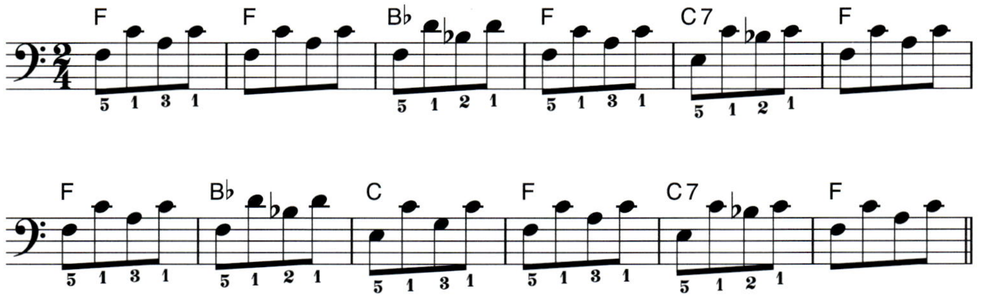

▶▶▶ 위의 반주형으로 반주 넣어보기

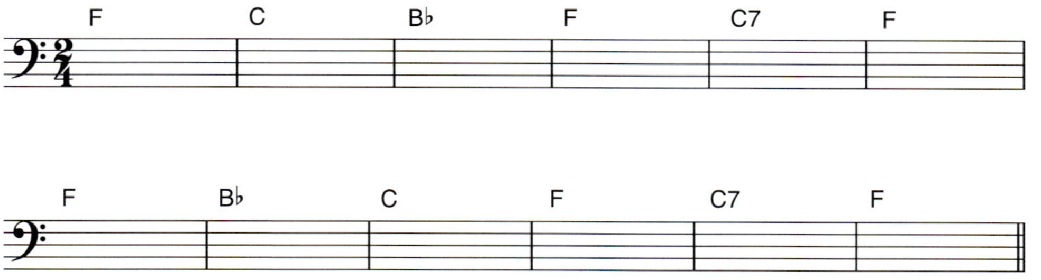

④ $\frac{3}{4}$박자 반주 연습

▶▶▶ 밀집형 반주 연습

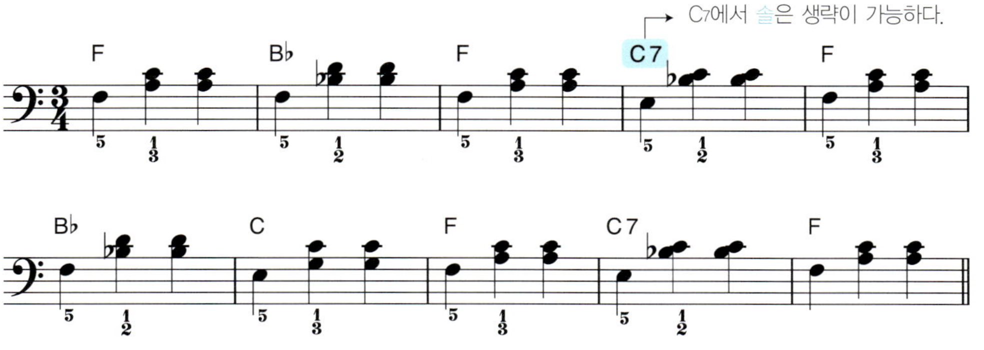

▶▶▶ 위의 반주형으로 반주 넣어보기

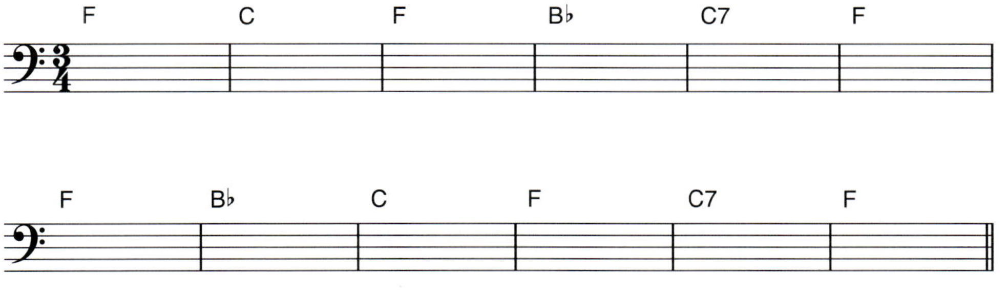

▶▶▶ 펼침형 반주 연습

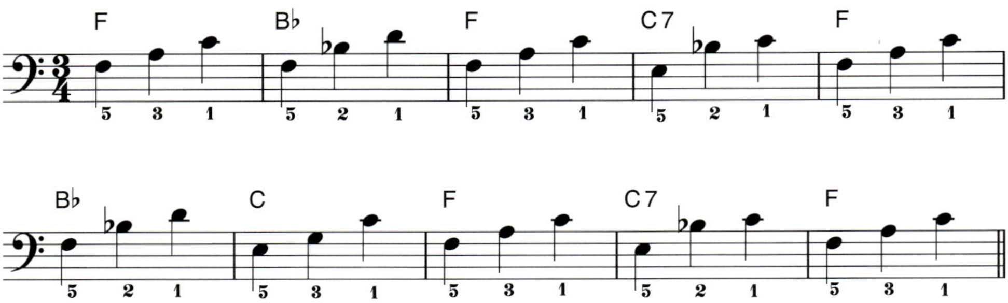

▶▶▶ 위의 반주형으로 반주 넣어보기

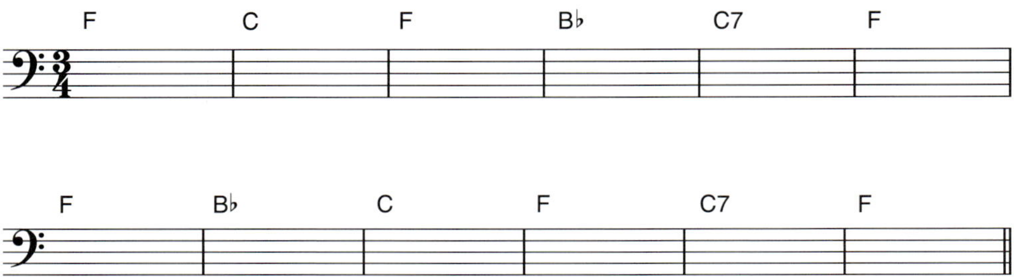

▶▶▶ 펼침형 반주 연습

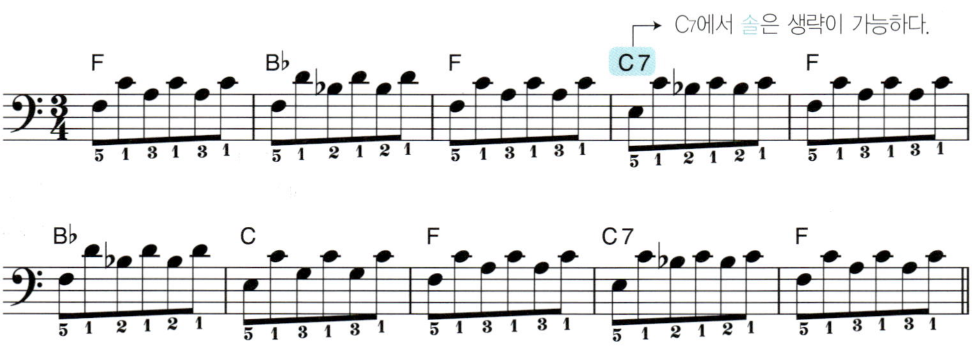

▸▸▸ 위의 반주형으로 반주 넣어보기

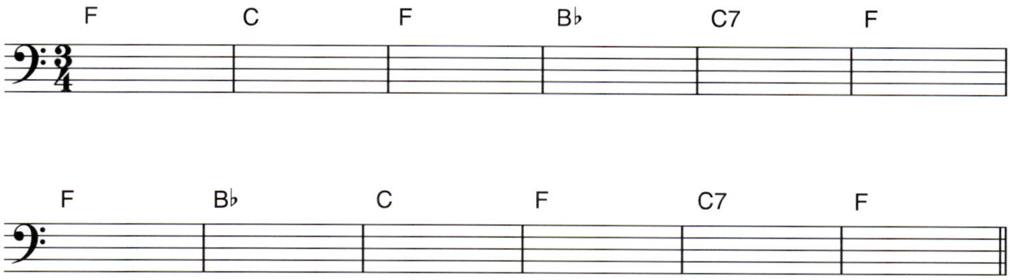

⑤ $\frac{4}{4}$박자 반주 연습

▸▸▸ 밀집형 반주 연습

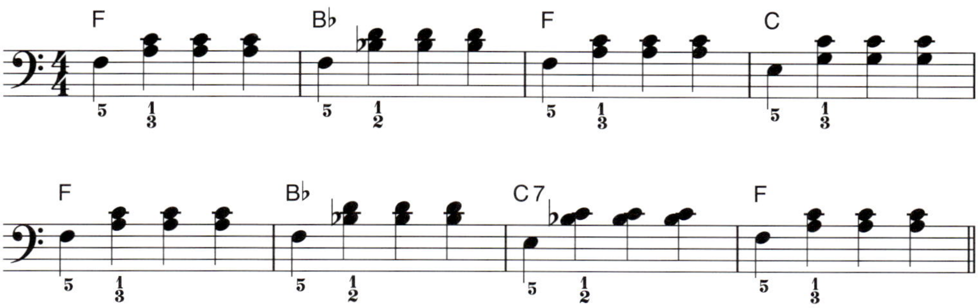

▸▸▸ 위의 반주형으로 반주 넣어보기

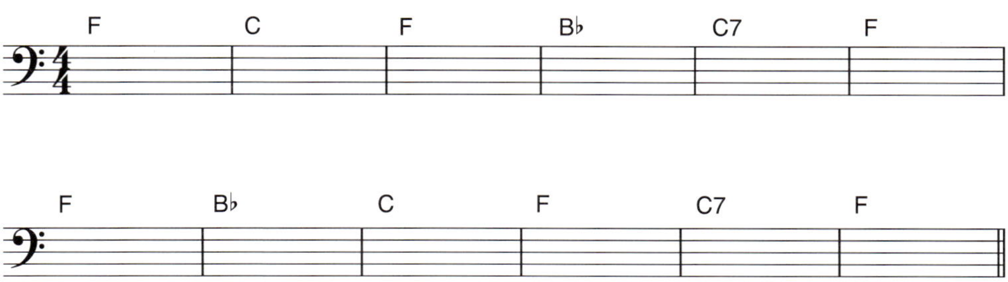

▶▶▶ 펼침형 반주 연습

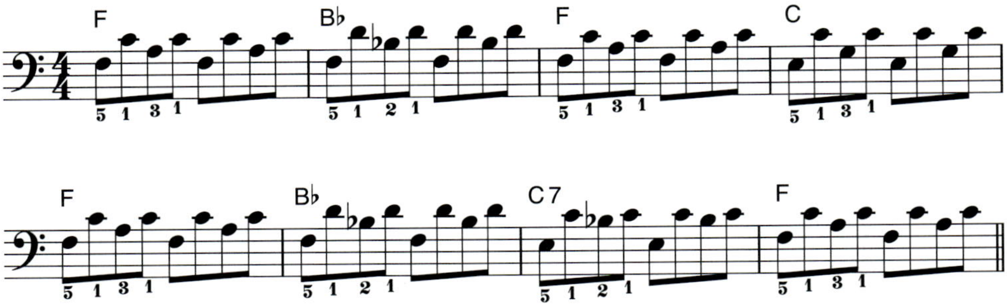

▶▶▶ 위의 반주형으로 반주 넣어보기

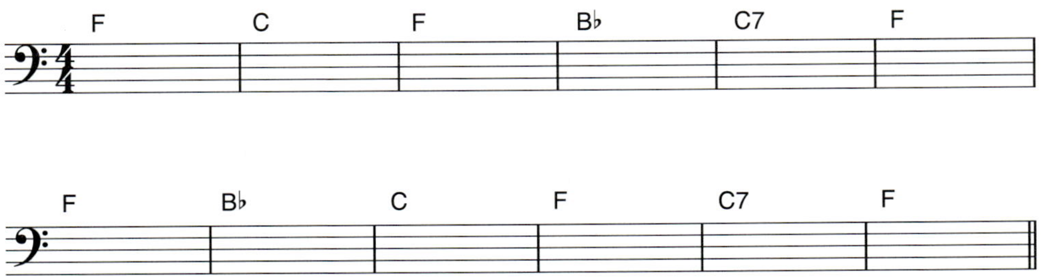

⑥ $\frac{6}{8}$ 박자 반주 연습

▶▶▶ 밀집형 반주 연습

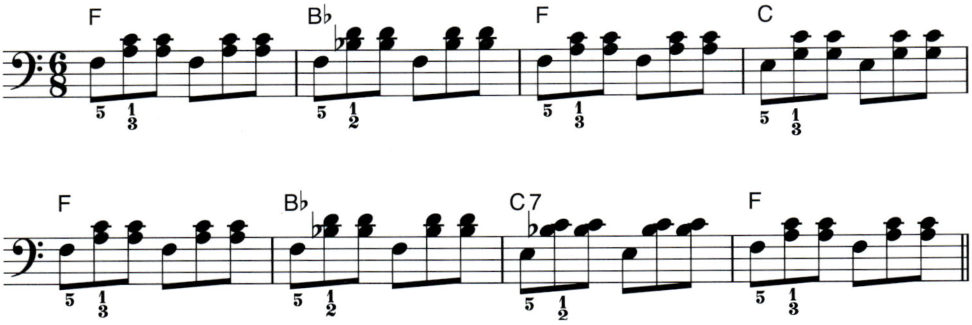

▸▸▸ 위의 반주형으로 반주 넣어보기

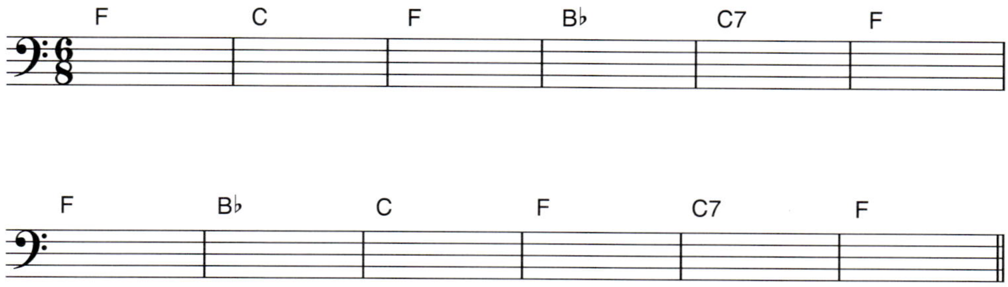

▸▸▸ 펼침형 반주 연습

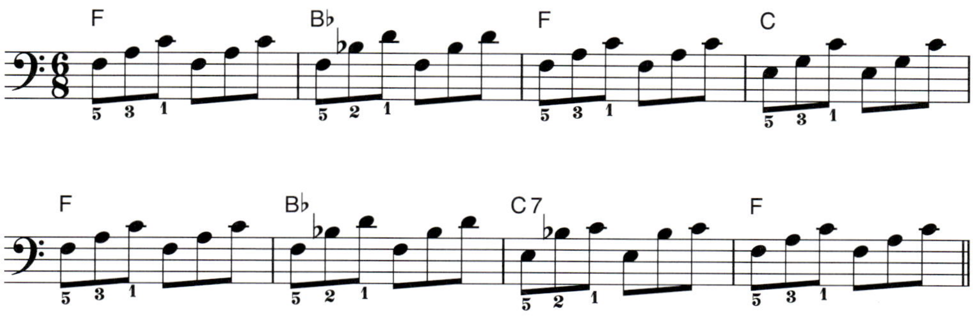

▸▸▸ 위의 반주형으로 반주 넣어보기

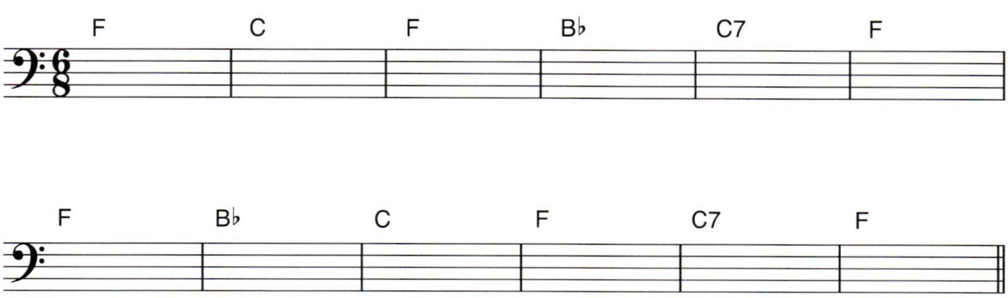

⑦ 양손 1단계 반주 연습 – 코드로 치기

■ 보기와 같이 왼손을 코드로 반주해 보자.

보 기

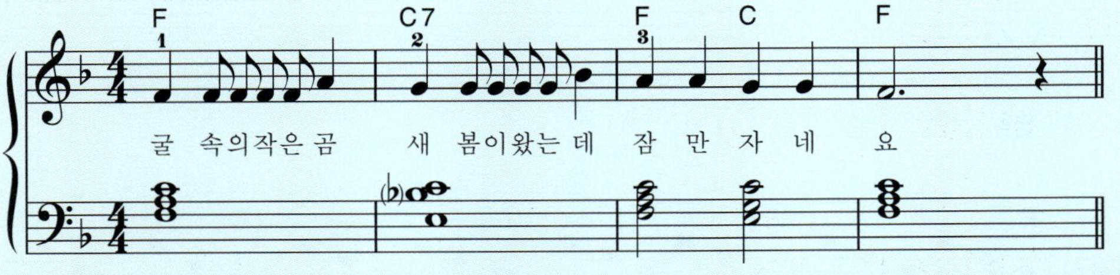

※ 외국곡 • 제목/ 굴 속의 작은 곰

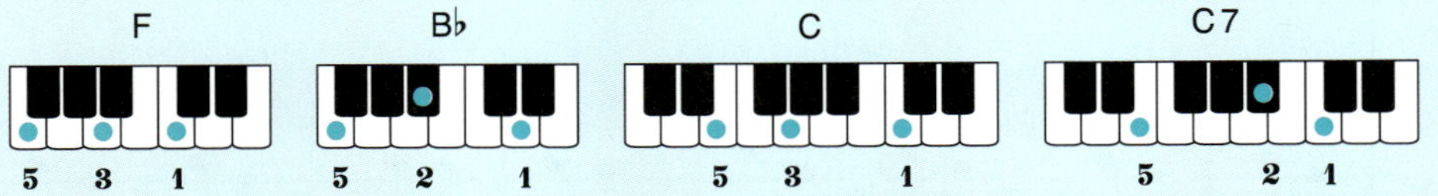

▶▶▶ 위의 보기와 같이 왼손은 코드로 치면서 양손을 연습해 보자.

1 참새

※ **작사**/ 임석재 • **작곡**/ 정세문 • **제목**/ 참새

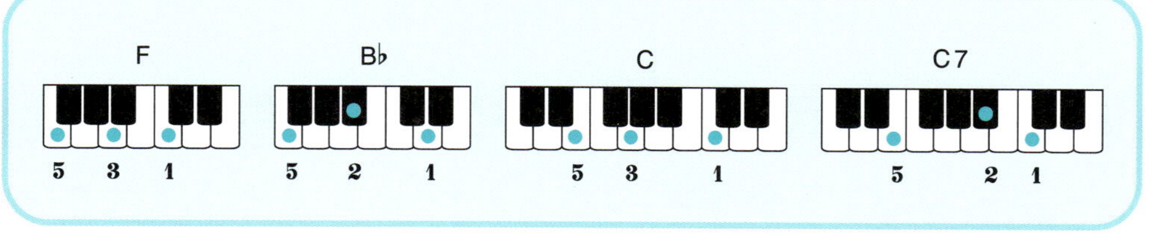

2 졸업가

※ 작사 • 작곡/ 김성균 • 제목/ 졸업가

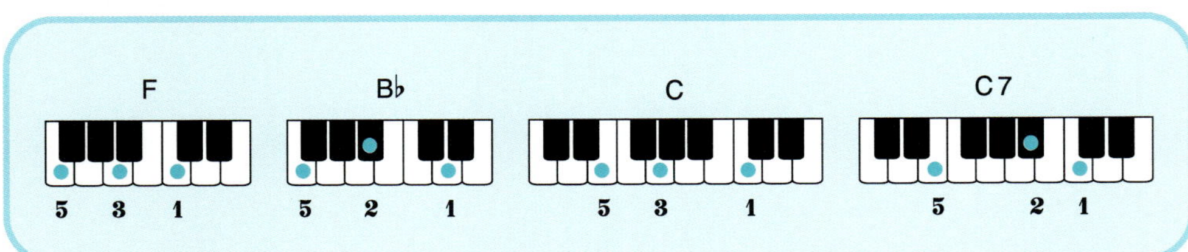

3 굴 속의 작은 곰

※ 외국곡 • 제목/ 굴 속의 작은 곰

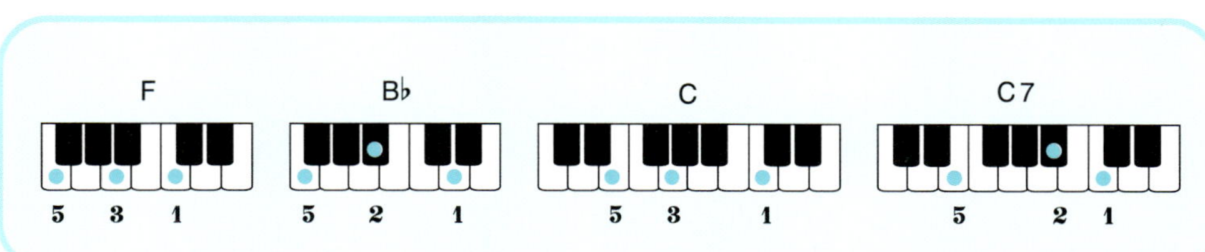

4 오리는 꽉곽

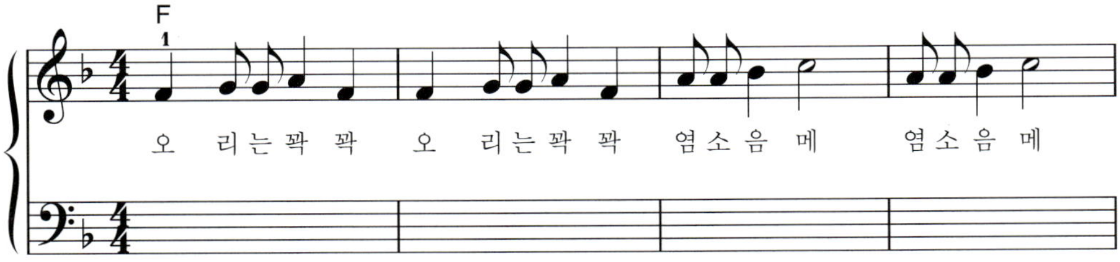

※ 외국곡 • 제목/ 오리는 꽉꽉

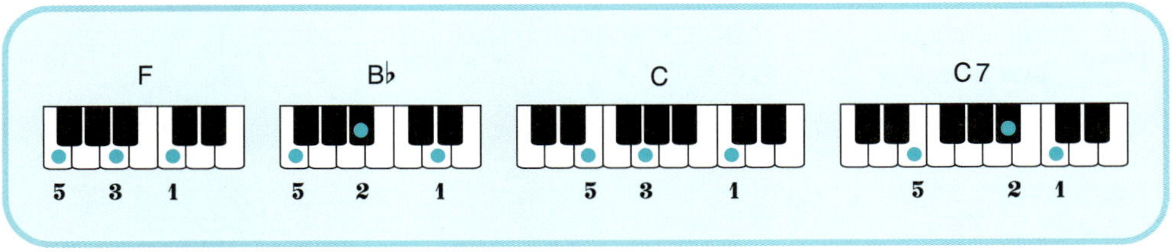

5 오너라, 새들아!

※ 외국곡 • 제목/ 오너라, 새들아!

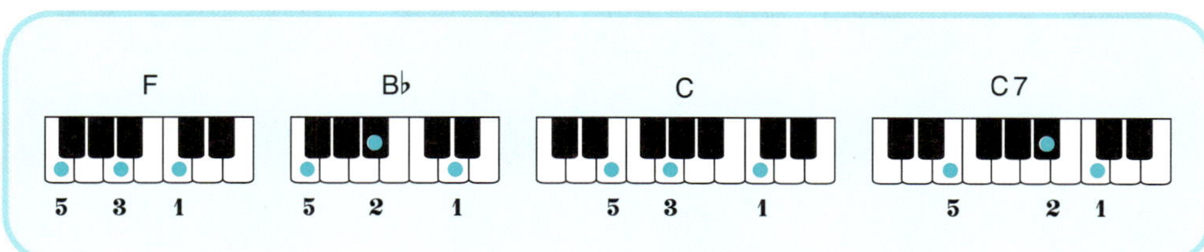

⑧ 양손 2단계 반주 연습 – 밀집형 반주하기

■ 보기와 같이 왼손을 밀집형으로 반주해 보자.

보 기

※ 외국곡 • 제목/ 고마워

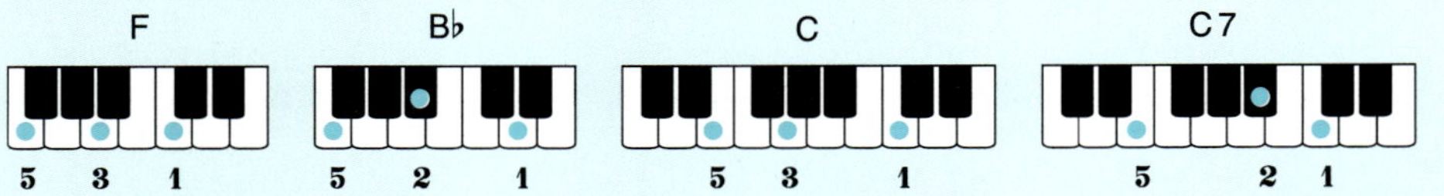

▸▸▸ 위의 보기와 같이 왼손을 밀집형으로 반주해 보자.

1 숫자놀이

※ 작사 • 작곡/ 미상 • 제목/ 숫자놀이

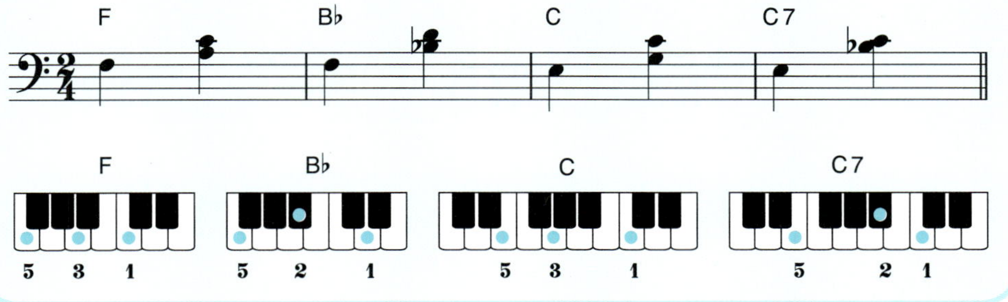

2 개구리

F
개 굴 개 굴 개 구 리 노 래 를 한 다
C F
아 들 손 자 며 느 리 다 – 모 여 서
C F
밤 새 도 록 하 여 도 듣 는 이 없 네
C F
듣 는 사 람 없 어 도 날 이 밝 도 록

이 마디는 C7로 처리할 수 있으나 C7 다음에 B♭이 오는 것은 어색한 진행이므로 두 마디를 모두 B♭으로 처리하는 것이 자연스럽다.

※ 작사/ 이동찬 • 작곡/ 홍난파 • 제목/ 개구리

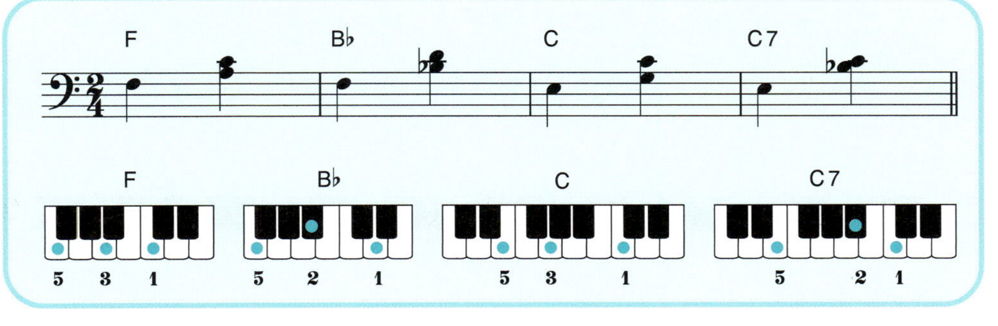

3 고마워

※ 외국곡 • 제목/ 고마워

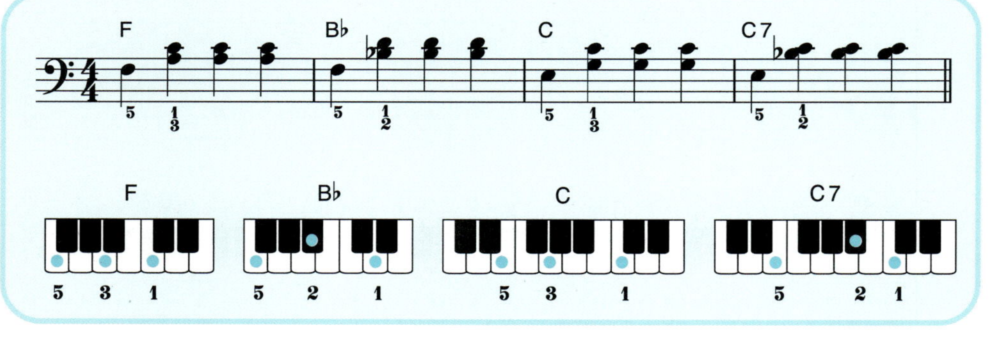

4 크리스마스 노래

※ 작사/ 이종환 • 작곡/ 박재훈 • 제목/ 크리스마스 노래

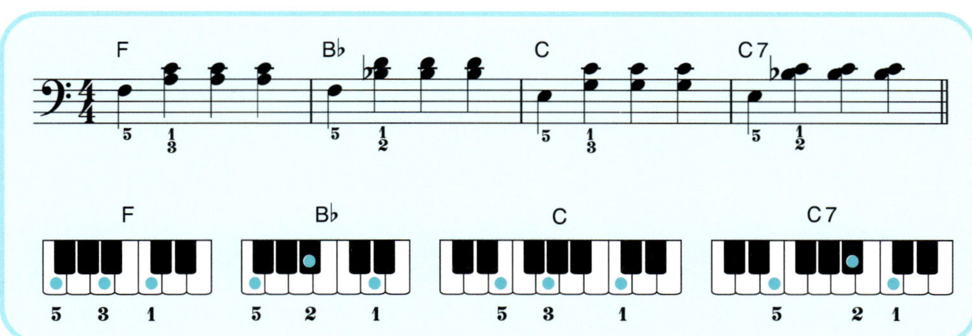

5 머리 어깨 무릎 발

※ 작사 • 작곡/ 미상 • 제목/ 머리 어깨 무릎 발

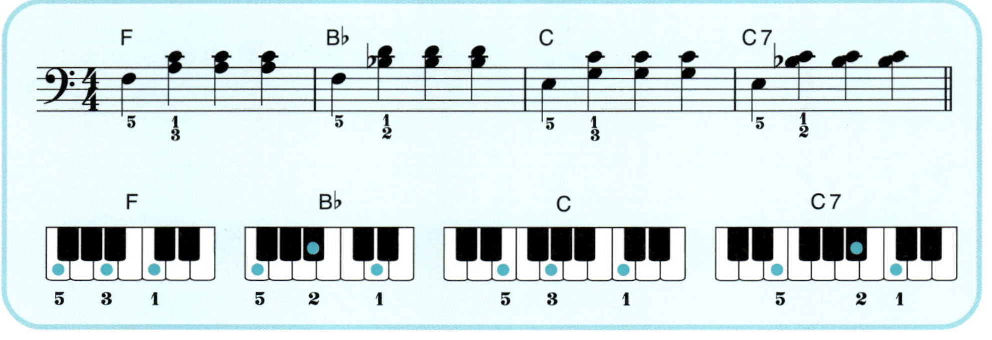

6 정리시간

※ 작사 • 작곡/ 윤대근 • 제목/ 정리시간

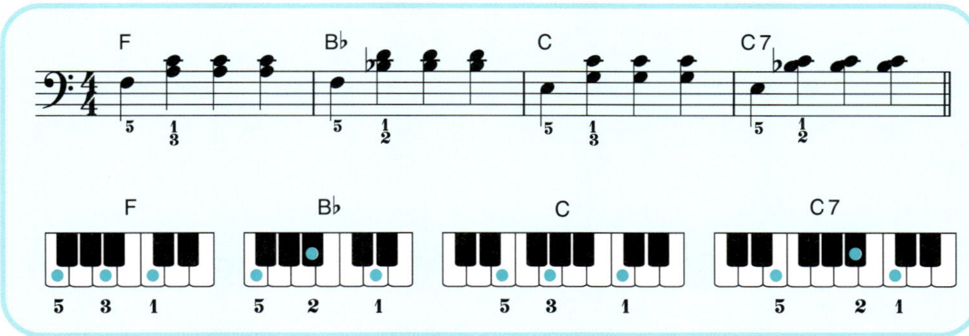

7 산타클로스 할아버지

※ 작사/ 강소천 • 작곡/ 한용희 • 제목/ 산타클로스 할아버지

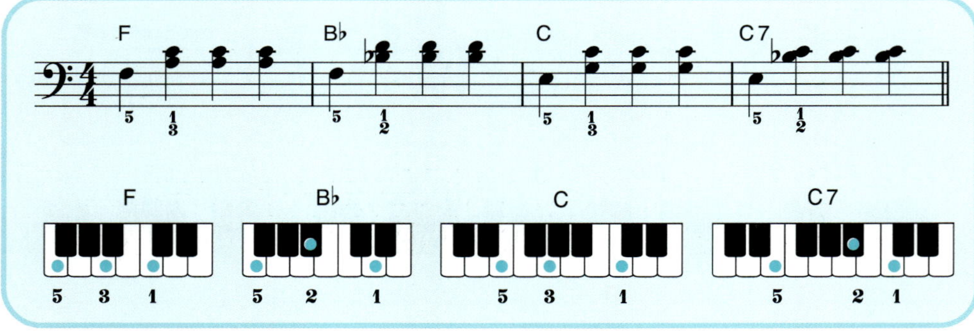

8 메리 크리스마스

※ 작사 • 작곡/ 김성균 • 제목/ 메리 크리스마스

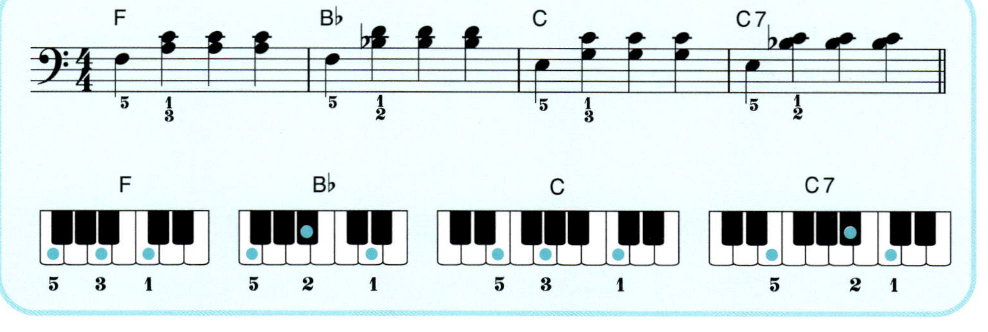

9 과수원길

F B♭ F F C
동 구 밖 과 수 원 길 아카시아꽃이 활 짝 폈 네 –
F F B♭ C C7 F
하 얀 꽃 이 – 파 리 눈 송이처럼 날 – 리 네 –
C F G C
향 긋 한 풀 냄 새 가 실 바람타고 솔 솔 –
F B♭ F F C
둘 이 서 말 이 없 네 얼 굴 마주 보 며 생 긋 –

※ **작사**/ 박화목 • **작곡**/ 김공선 • **제목**/ 과수원길

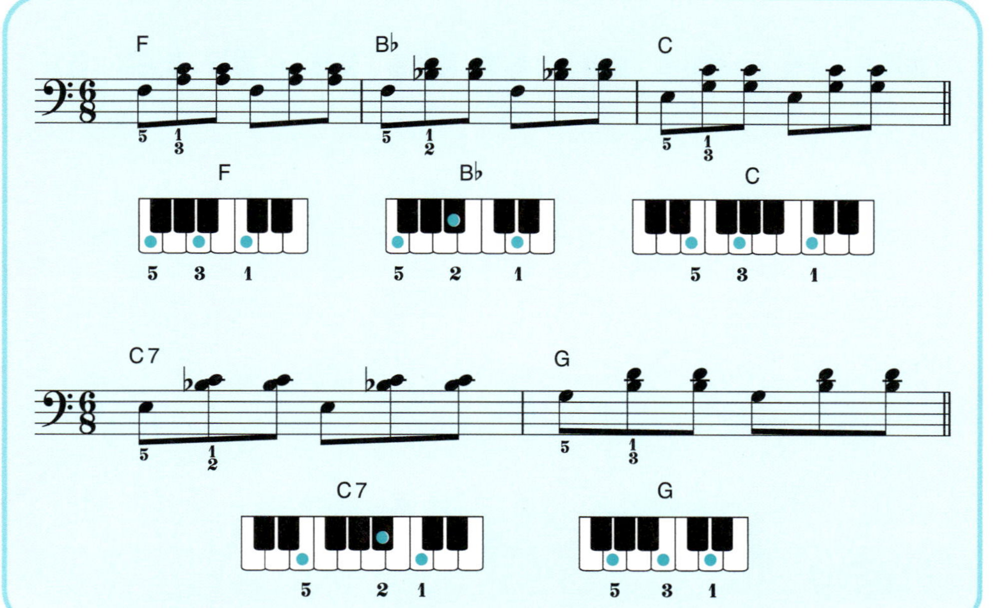

⑨ 양손 3단계 반주 연습 – 분산형 반주하기

■ 보기와 같이 왼손을 분산형으로 반주해 보자.

보 기

※ 작사·작곡/ 임혜정·제목/ 아침 일찍 일어나

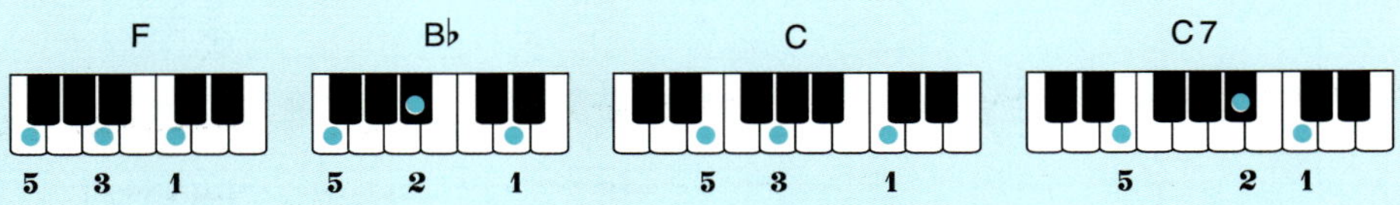

▸▸▸ 위의 보기와 같이 왼손을 분산형으로 반주해 보자.

1 돌다리

※ 외국곡 • 제목/ 돌다리

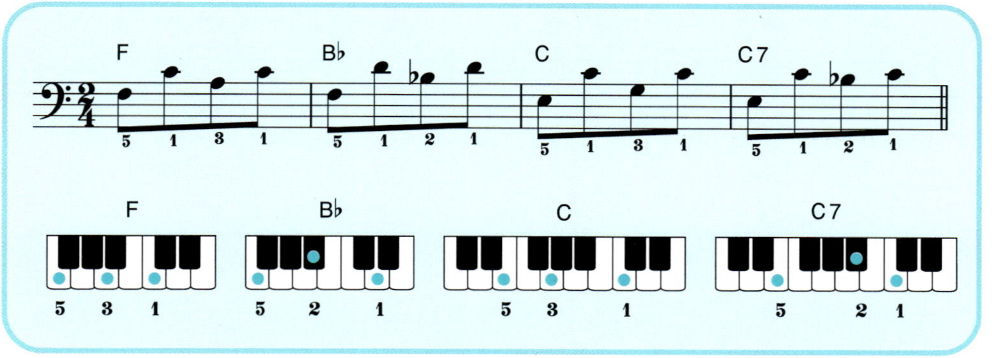

2 다섯 작은 꾀꼬리

※ 외국곡 • 제목/ 다섯 작은 꾀꼬리

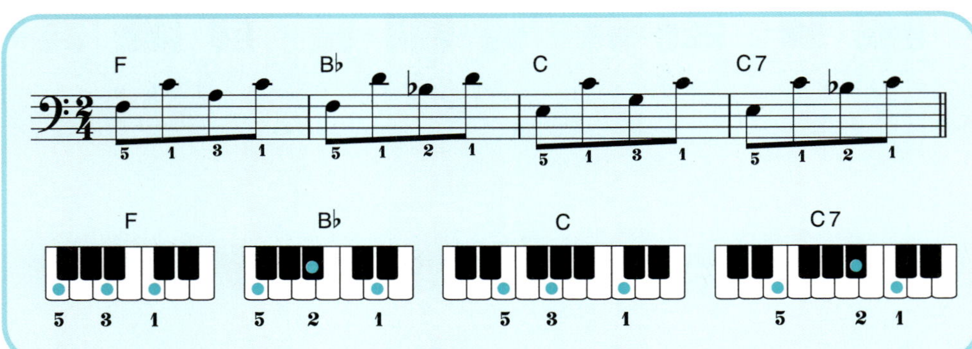

3 내게 강같은 평화

※ 흑인영가 • 제목/ 내게 강같은 평화

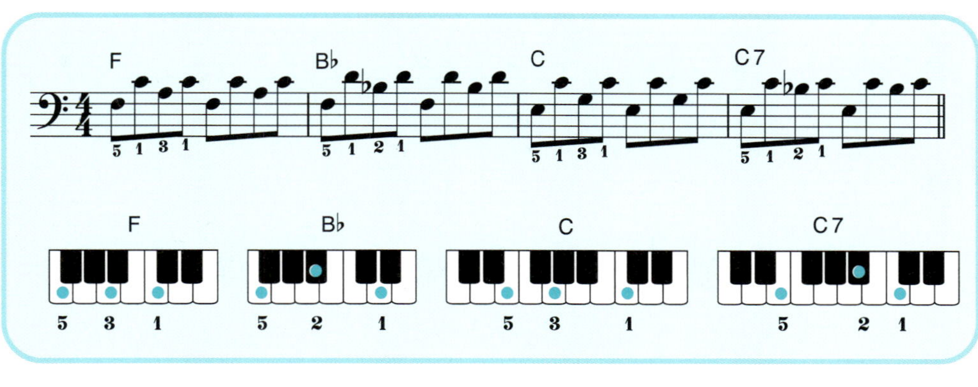

4 등대지기

F Bb C
얼 어 붙 은 달 그 - 림 자 물
F C7
결 위 에 - 차 고 - 한
F Bb C
겨 울 에 거 센 - 파 도 모
F C7 F
으 는 작 - 은 섬 - 생
C F
각 하 라 저 등 대 를 지

※ **번역**/ 유영손 • **작곡**/ 영국민요 • **제목**/ 등대지기

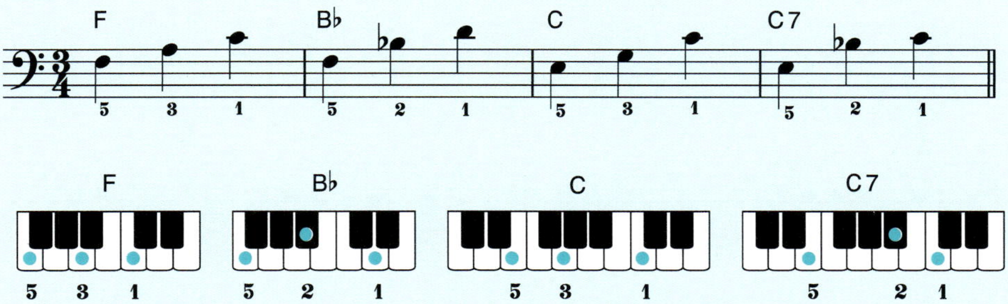

5 동물농장

F C C F
닭 장속-에는 암 탉이- 문 간옆-에는 거 위가-
F C C F
배 나무-밑엔 염 소가- 외 양간-에는 송 아지-
F B♭ C F
닭 장속-에는 암 탉들- 이 문 간옆-에는 거 위들- 이
F B♭ C F
배 나무-밑엔 염 소들- 이 외 양간-에는 송 아지-

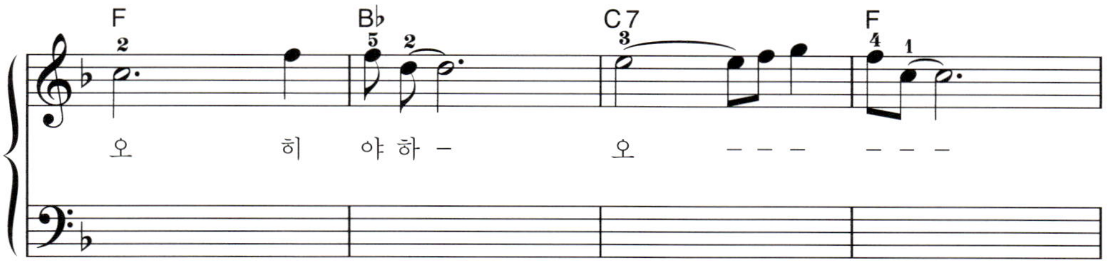

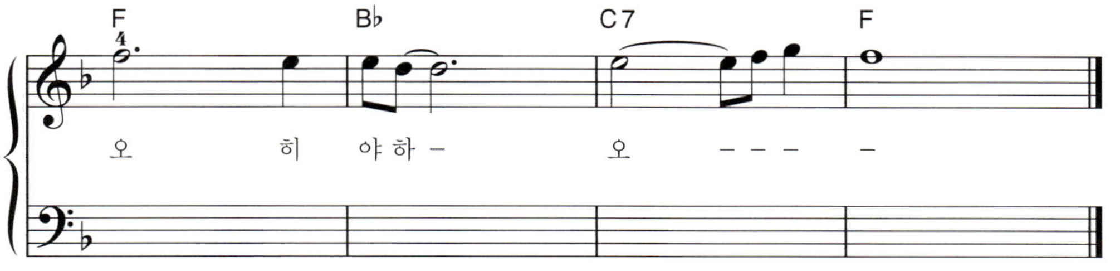

※ 작사 • 작곡/ 홍광식 • 제목/ 동물농장

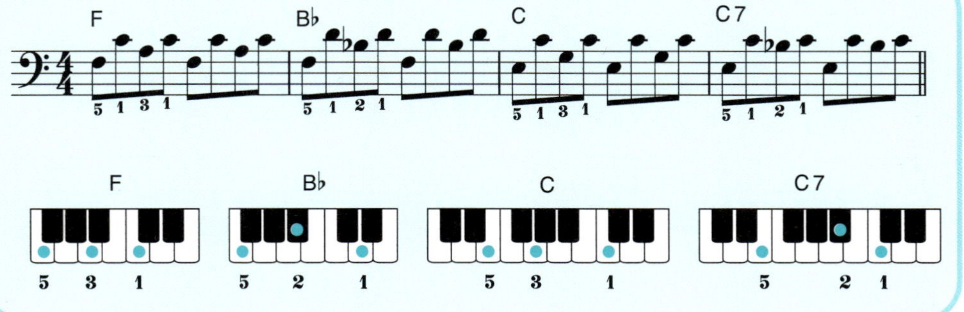

6 언덕 위의 집

※ 미국민요 • 제목/ 언덕 위의 집

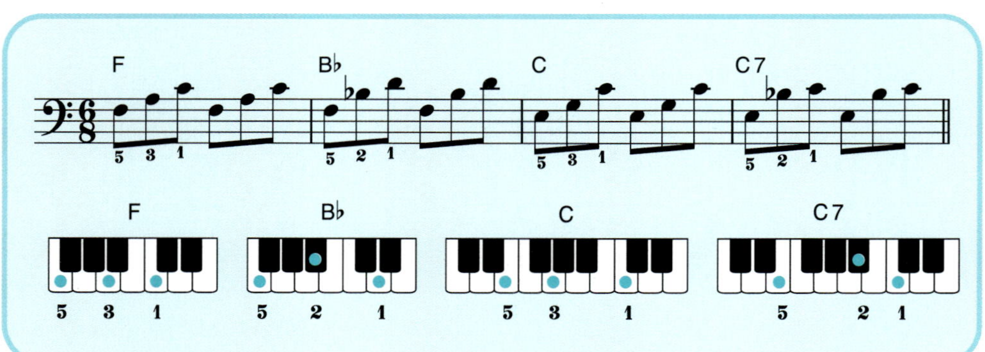

(4) D장조(라장조) 연습

① 주요 3화음

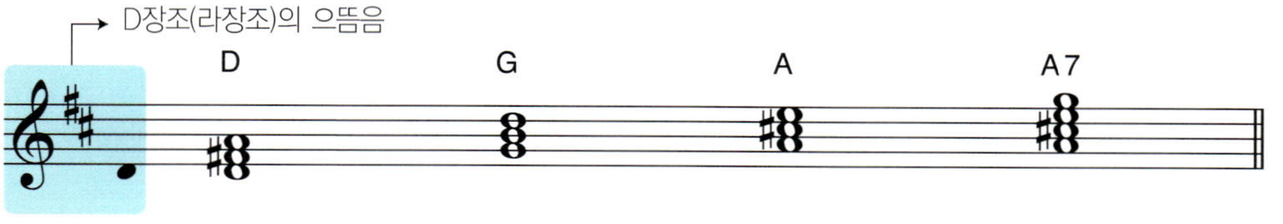

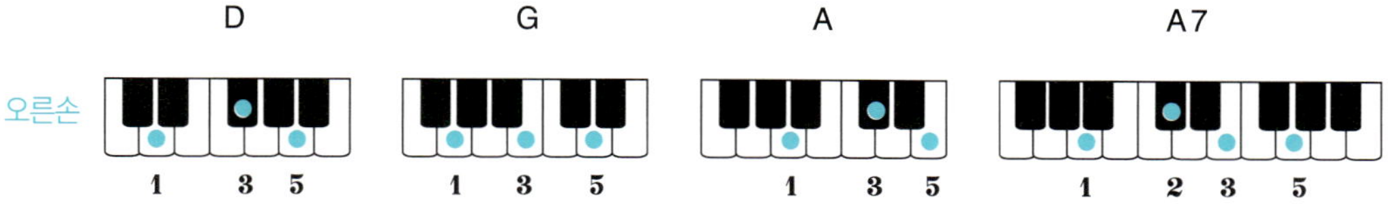

TEACHING POINT
A 코드에서는 A 코드(딸림3화음)와 A7(딸림7화음)이 자유롭게 사용될 수 있으나 A7 코드가 A 코드보다 더 풍성한 울림을 가져다주므로 더 즐겨 사용된다.

▸▸▸ 낮은음자리표로 전환

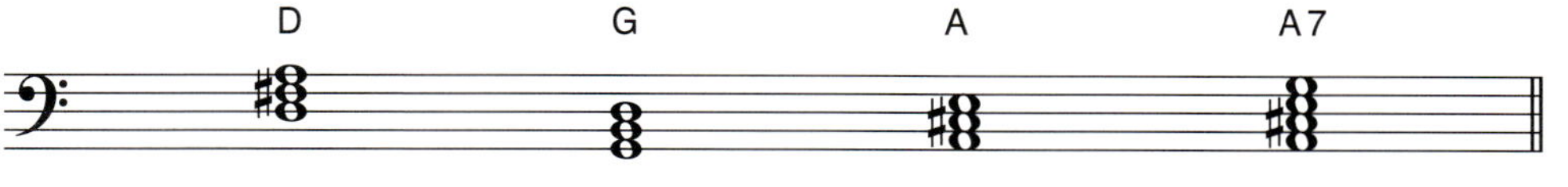

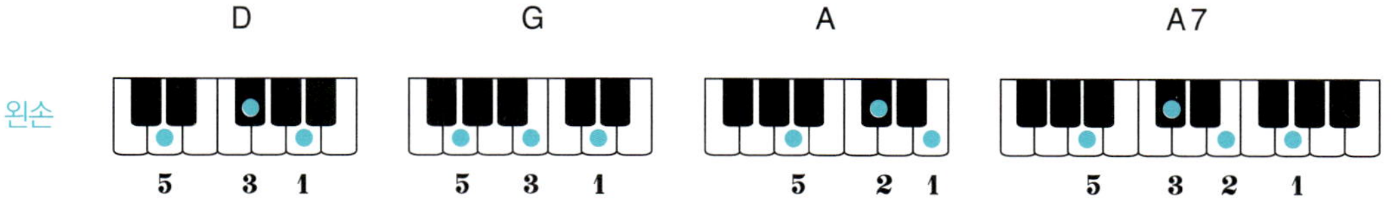

▶▶▶ 자리바꿈형

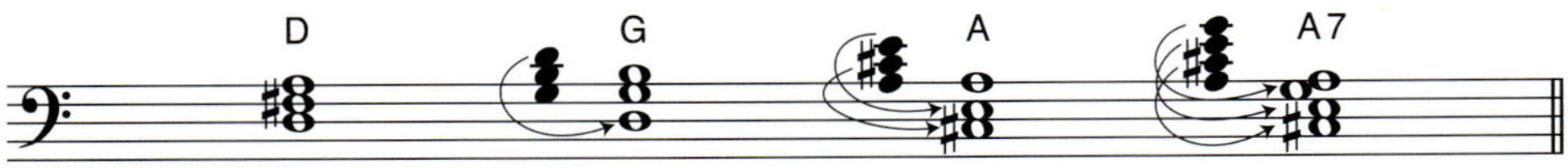

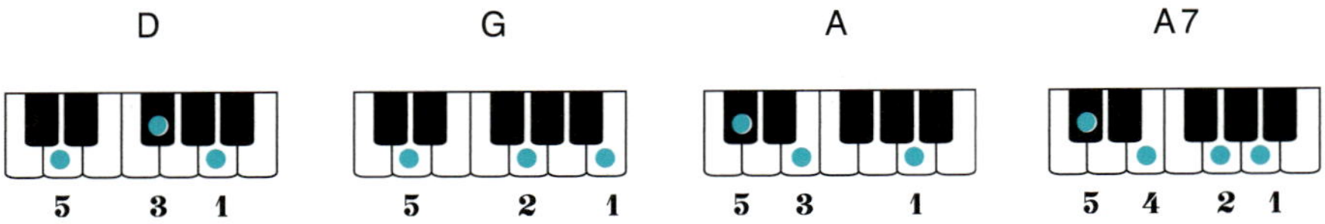

TEACHING POINT

화음을 연결할 때는 손가락의 움직임이 너무 멀지 않도록 가깝게 진행하는 것이 좋으므로 반주 시에는 자리바꿈형을 주로 사용한다.

② 코드 기호를 보고 치기

TEACHING POINT

D장조(라장조)의 주요 3화음인 D, G, A(혹은 A7) 코드는 D장조에서 가장 많이 사용되는 화음이므로 익숙해질 때까지 충분히 연습하는 것이 필요하다.

③ $\frac{2}{4}$ 박자 반주 연습

▸▸▸ 밀집형 반주 연습

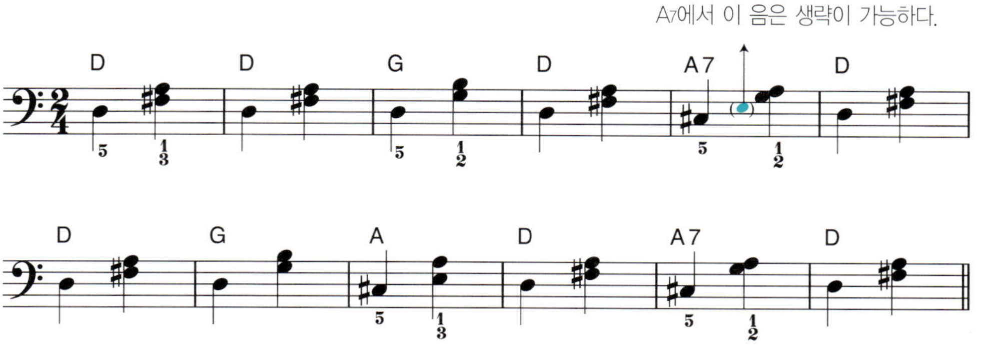

▸▸▸ 위의 반주형으로 반주 넣어보기

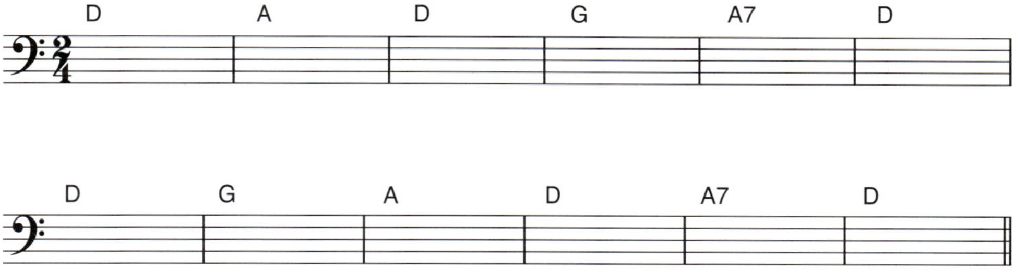

▸▸▸ 펼침형 반주 연습

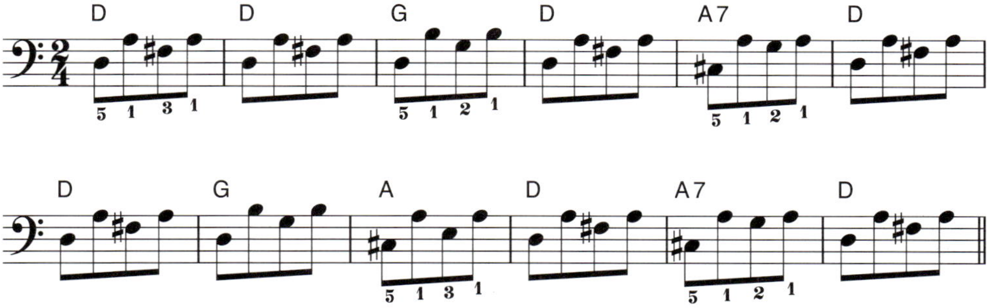

▶▶▶ 위의 반주형으로 반주 넣어보기

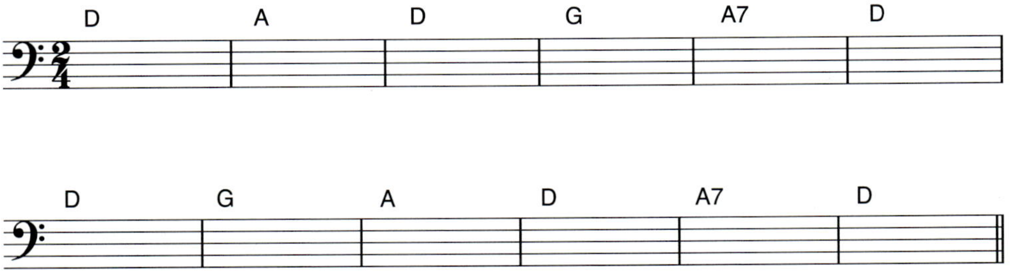

④ $\frac{3}{4}$박자 반주 연습

▶▶▶ 밀집형 반주 연습

▶▶▶ 위의 반주형으로 반주 넣어보기

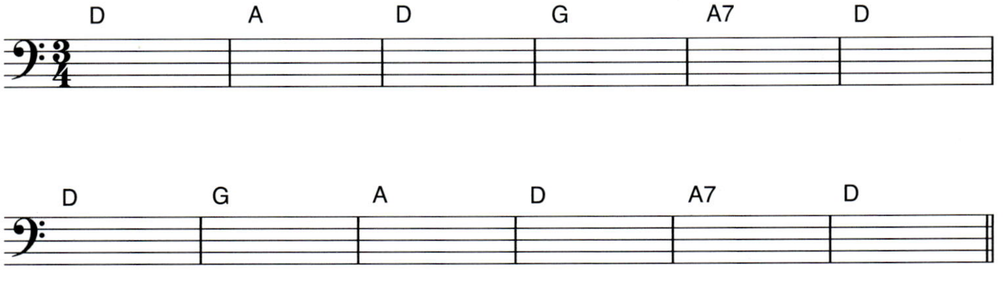

▶▶▶ 펼침형 반주 연습

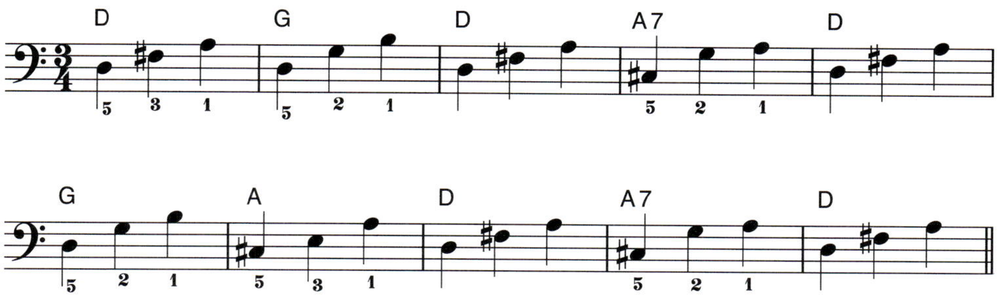

▶▶▶ 위의 반주형으로 반주 넣어보기

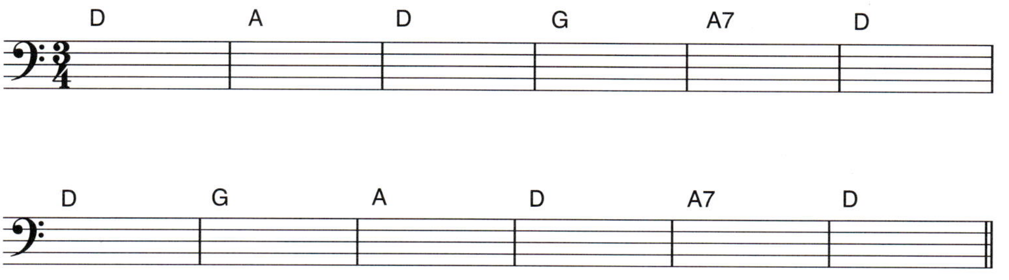

▶▶▶ 펼침형 반주 연습

▶▶▶▶ 위의 반주형으로 반주 넣어보기

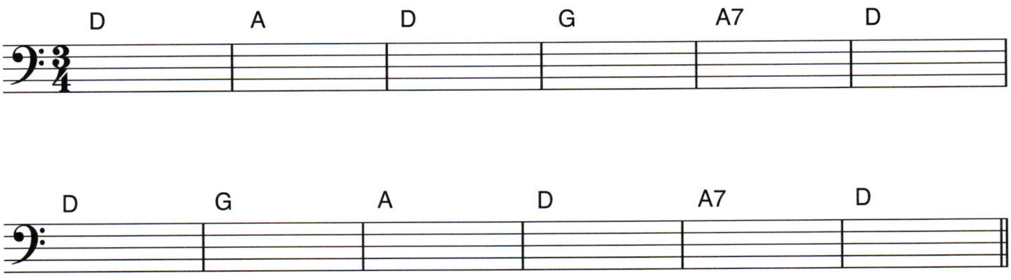

⑤ $\frac{4}{4}$ 박자 반주 연습

▶▶▶▶ 밀집형 반주 연습

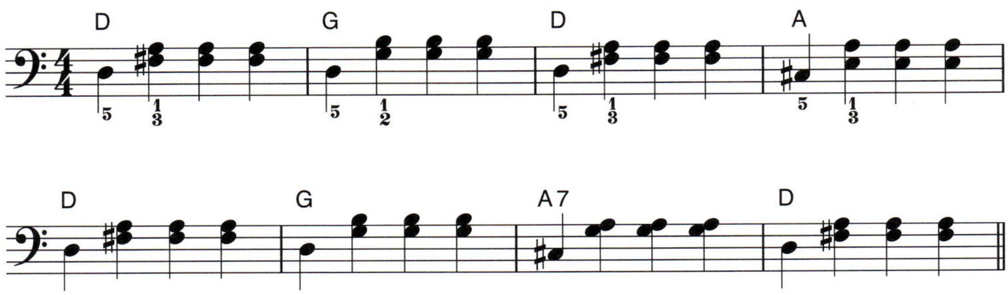

▶▶▶▶ 위의 반주형으로 반주 넣어보기

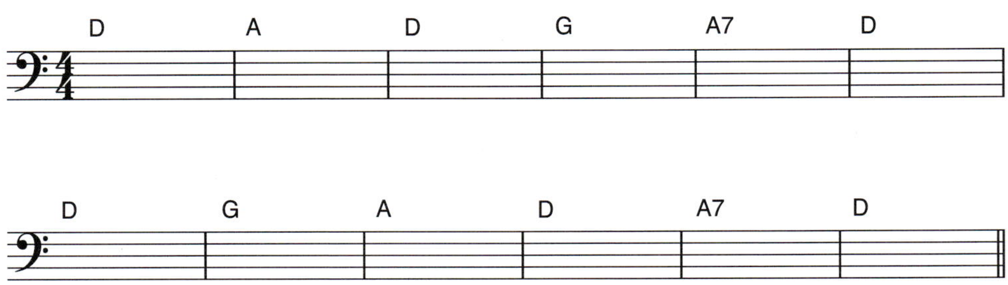

▸▸▸ 펼침형 반주 연습

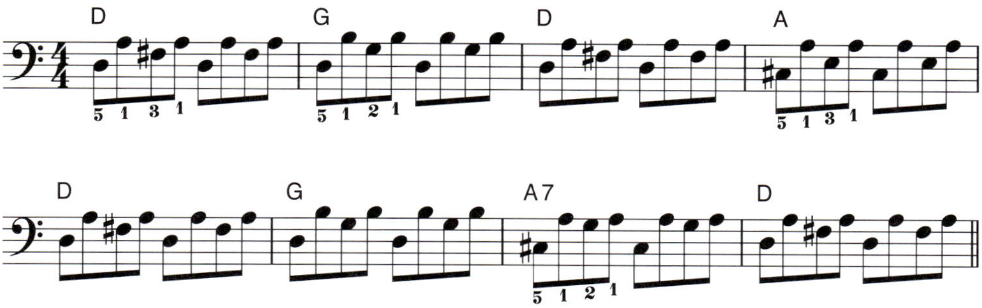

▸▸▸ 위의 반주형으로 반주 넣어보기

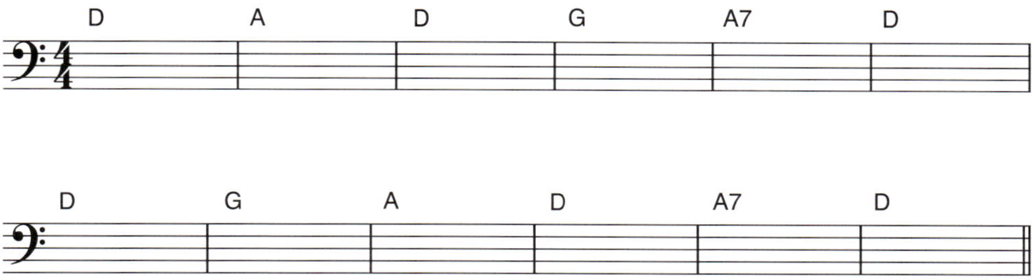

⑥ $\frac{6}{8}$ 박자 반주 연습

▸▸▸ 밀집형 반주 연습

위의 반주형으로 반주 넣어보기

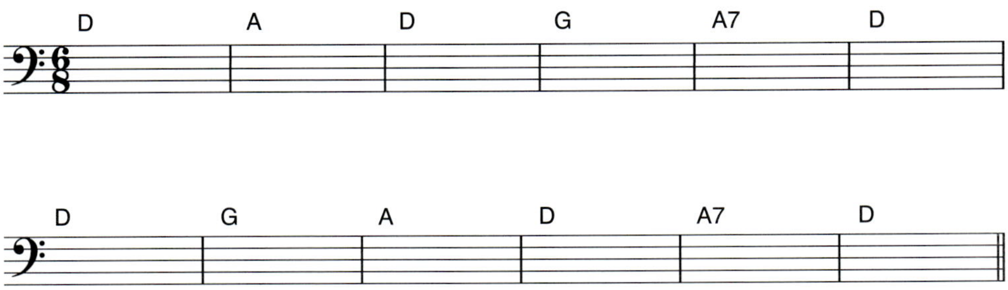

펼침형 반주 연습

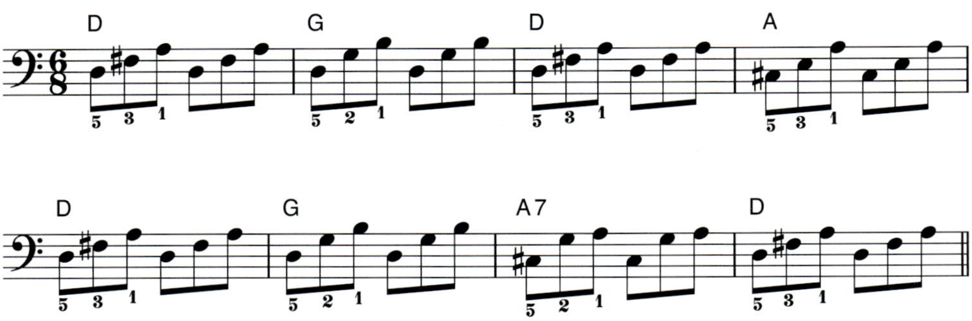

위의 반주형으로 반주 넣어보기

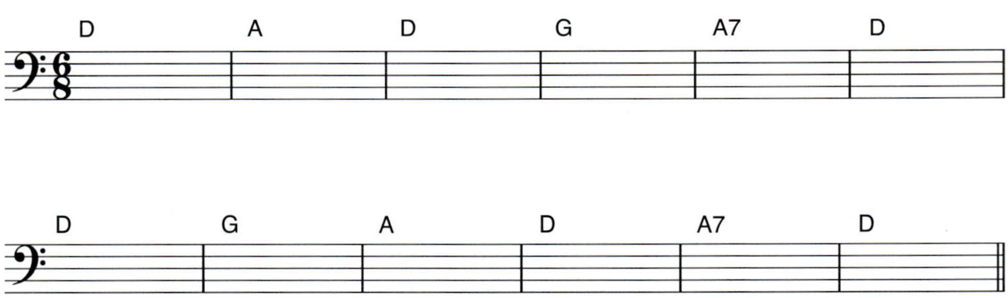

⑦ 양손 1단계 반주 연습 – 코드로 치기

■ 보기와 같이 왼손을 코드로 반주해 보자.

보 기

※ 작사 • 작곡/ 미상 • 제목/ 즐거운 소풍

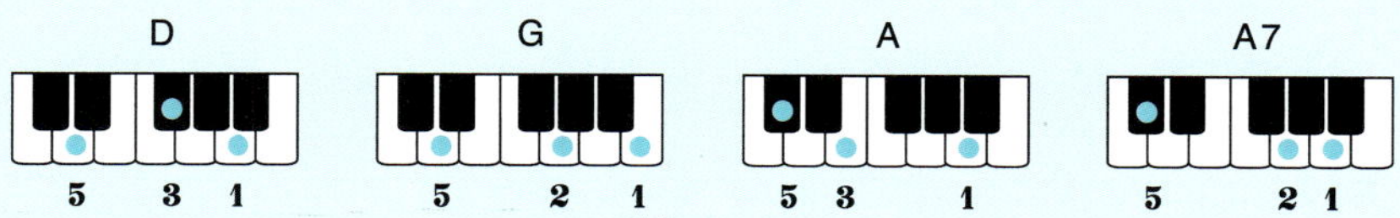

▶▶▶▶ 위의 보기와 같이 왼손은 코드로 치면서 양손을 연습해 보자.

1 예쁜 아이 착한 아이

※ 작사 • 작곡/ 최미애 • 제목/ 예쁜 아이 착한 아이

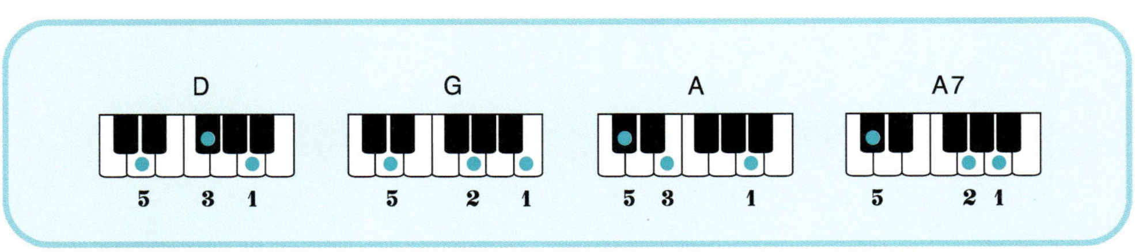

2 오뚜기

※ 작사 • 작곡/ 유희진 • 제목/ 오뚜기

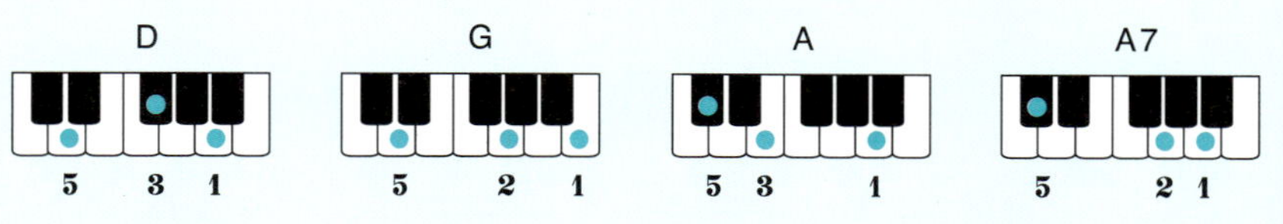

3 잠 오는 소리

※ 작사/ 박목월 • 작곡/ 황현진 • 제목/ 잠 오는 소리

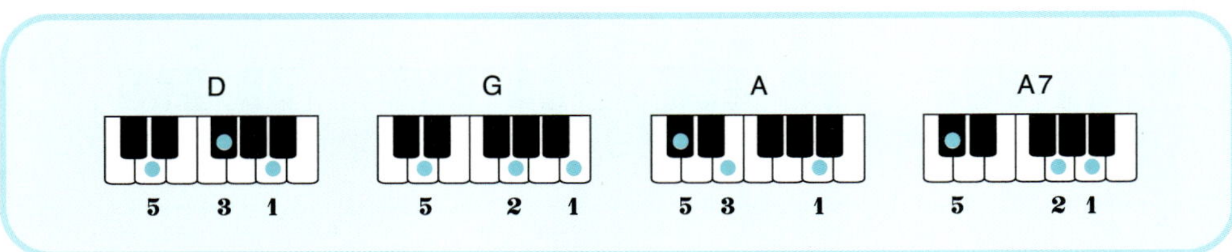

4 바람 이야기

※ **작사**/ 이록주 • **작곡**/ 유경숙 • **제목**/ 바람 이야기

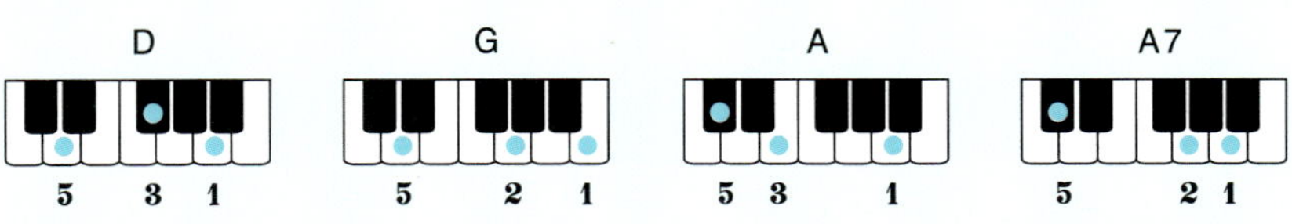

5 꽃잔치

※ 작사/ 이록주 • 작곡/ 박미숙 • 제목/ 꽃잔치

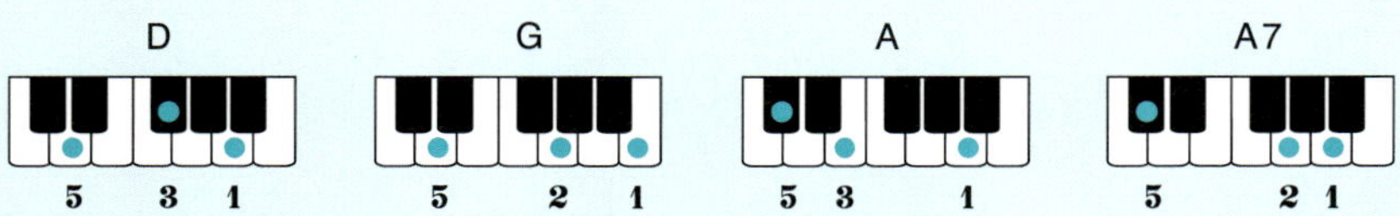

6 나비야

※ **작사**/ 김지현 • **작곡**/ 임혜정 • **제목**/ 나비야

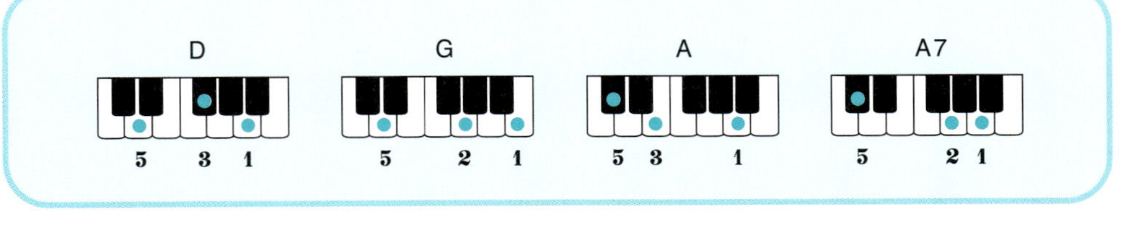

⑧ 양손 2단계 반주 연습 – 밀집형 반주하기

■ 보기와 같이 왼손을 밀집형으로 반주해 보자.

보 기

※ 작사 · 작곡/ 미상 · 제목/ 코끼리와 거미줄

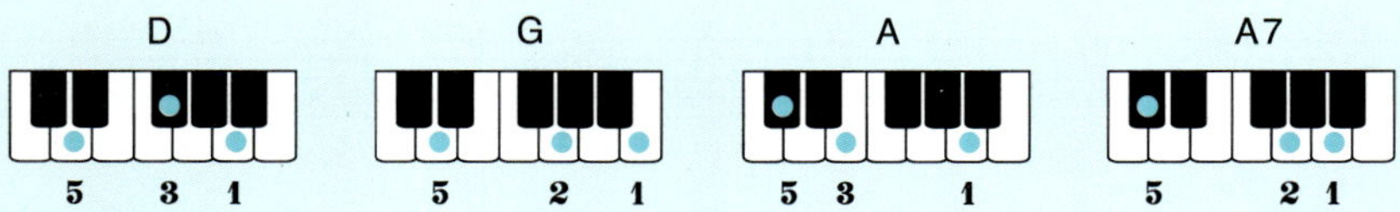

▸▸▸ 위의 보기와 같이 왼손을 밀집형으로 반주해 보자.

1 풍선

※ 작사/ 윤남이 • 작곡/ 이은숙 • 제목/ 풍선

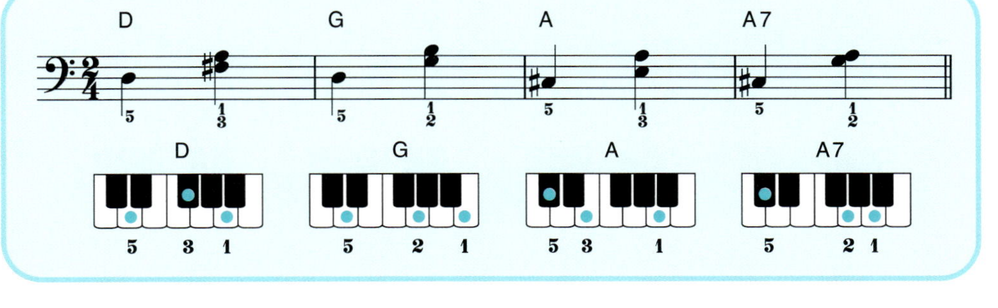

2 퐁당퐁당

※ **작사**/ 윤석중 • **작곡**/ 홍난파 • **제목**/ 퐁당퐁당

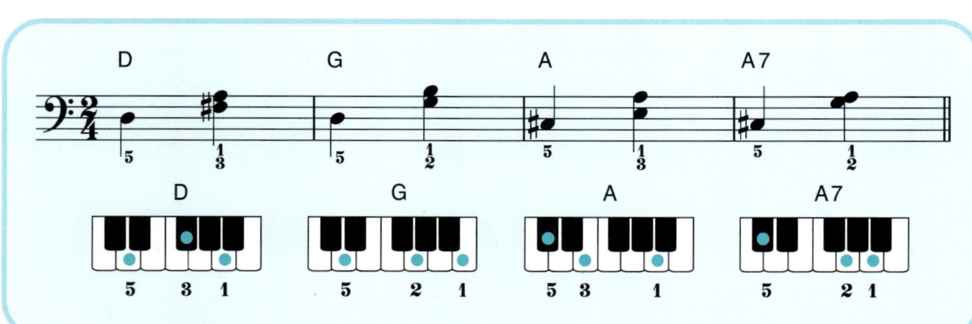

3 졸업노래

※ **작사**/ 나운영 • **작곡**/ 유경손 • **제목**/ 졸업노래

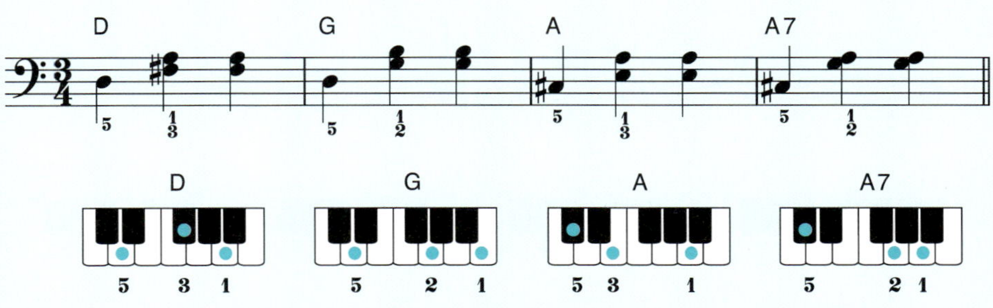

4 그대로 멈춰라

※ 작사 • 작곡/ 김방옥 • 제목/ 그대로 멈춰라

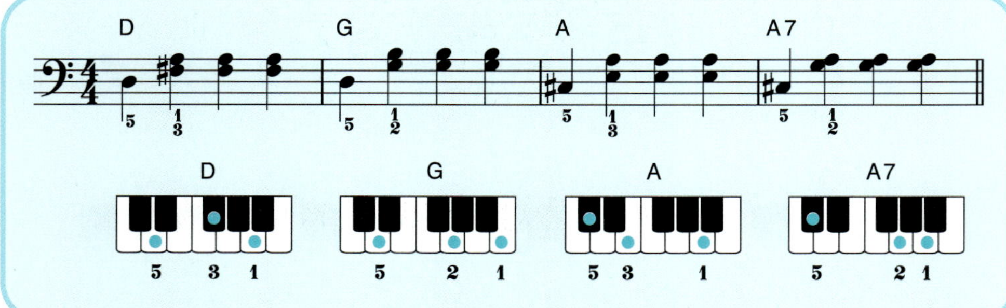

5 들장미

※ 번역/ 이헌구 • 작곡/ 베르너 • 제목/ 들장미

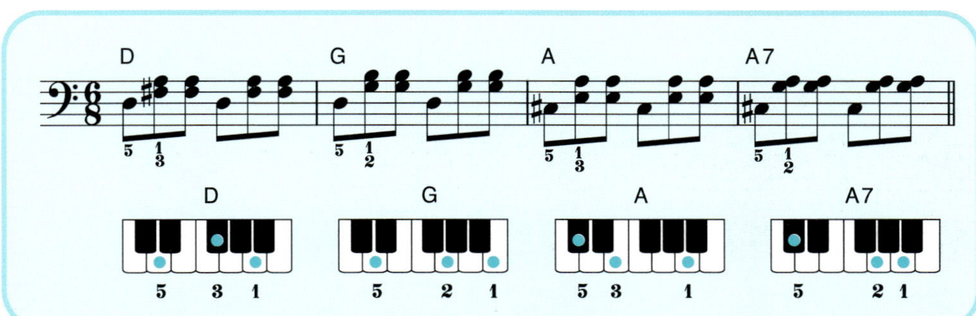

⑨ 양손 3단계 반주 연습 – 분산형 반주하기

■ 보기와 같이 왼손을 분산형으로 반주해 보자.

보 기

※ 외국곡 • 제목/ 크게 작게

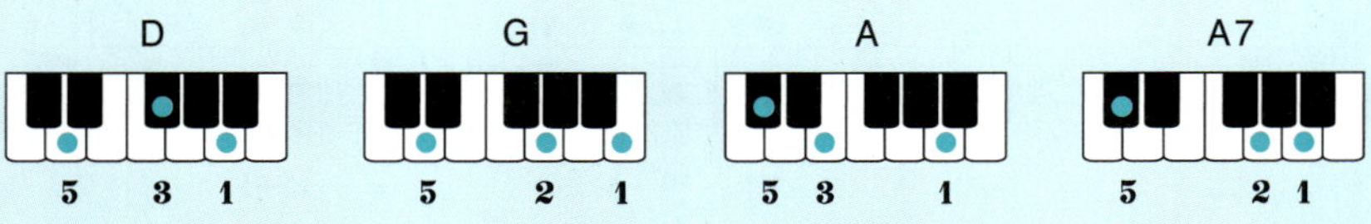

▸▸▸ 위의 보기와 같이 왼손을 분산형으로 반주해 보자.

1 봄 나들이

※ 작사/ 윤석중 • 작곡/ 권태호 • 제목/ 봄 나들이

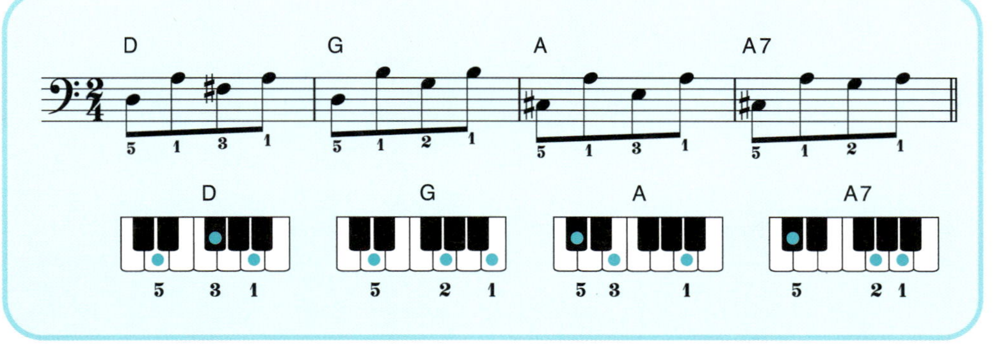

2 들로 산으로

※ 외국곡 • 제목/ 들로 산으로

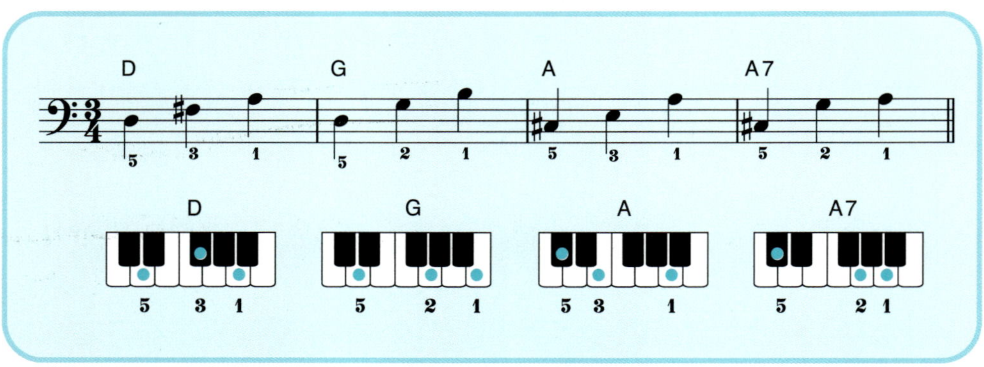

3 산바람 강바람

※ 작사/ 윤석중 • 작곡/ 박태준 • 제목/ 산바람 강바람

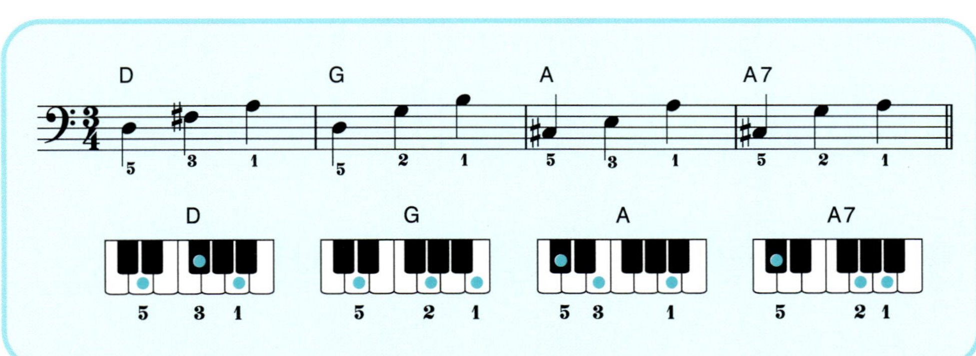

4 나는 알지요

D A7
나 는 알 지 요 나 는 알 지 요
D A7
그 노 래 가 무 엇 인 지 –
D A7
나 는 알 지 요 나 는 알 지 요
D A7 D
그 노 래 가 무 엇 인 지 –
D G
온 가 족 이 함 께 모 여

※ 작사/ 한돈례 • 작곡/ 오리라 • 제목/ 나는 알지요

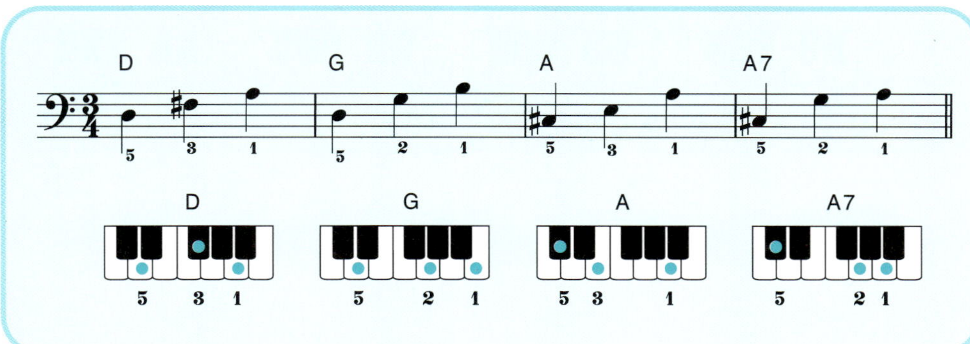

5 꽃잔치

※ **작사**/ 이록주 • **작곡**/ 박미숙 • **제목**/ 꽃잔치

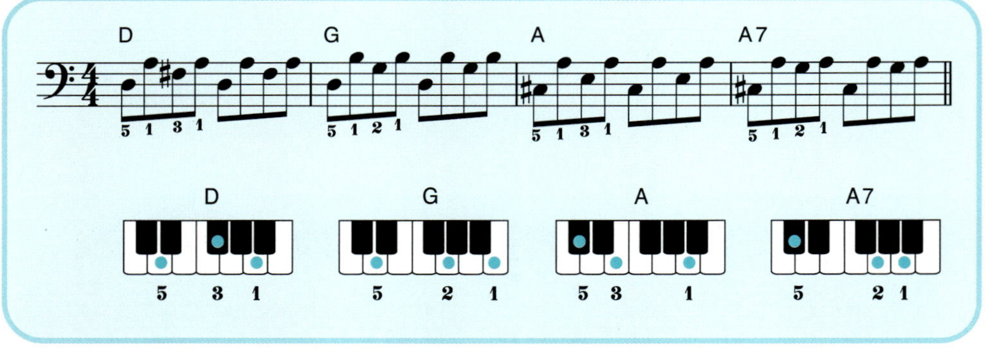

6 친구

※ 작사 • 작곡/ 미상 • 제목/ 친구

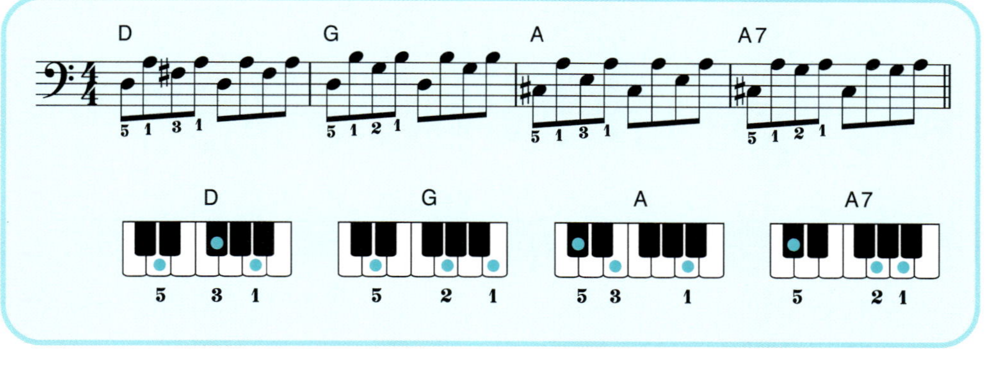

7 나비야

※ 작사/ 김지현 • 작곡/ 임혜정 • 제목/ 나비야

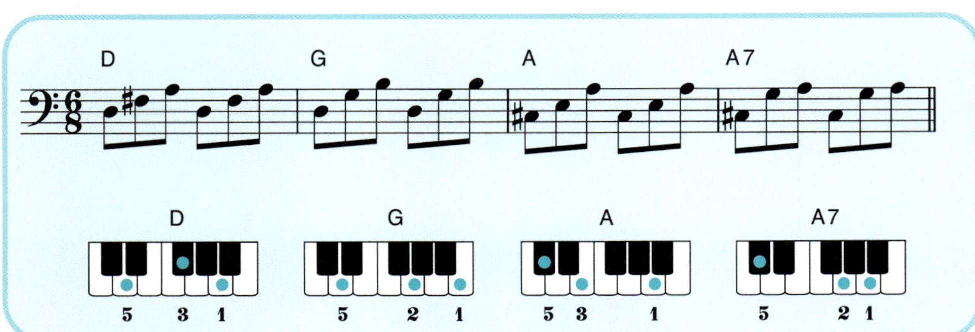

(5) B♭ 장조(내림나장조) 연습

① 주요 3화음

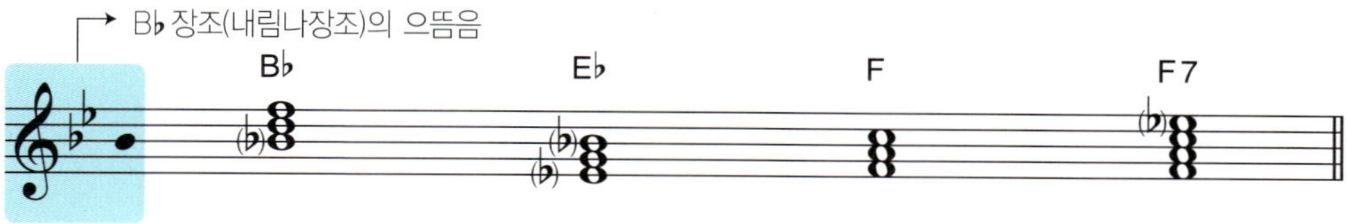

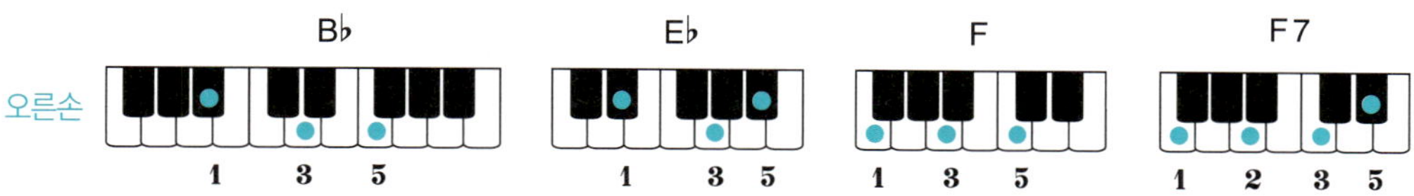

> **TEACHING POINT**
>
> F 코드에서는 F 코드(딸림3화음)와 F7(딸림7화음)이 자유롭게 사용될 수 있으나 F7 코드가 F 코드보다 더 풍성한 울림을 가져다주므로 더 즐겨 사용된다.

▸▸▸ 낮은음자리표로 전환

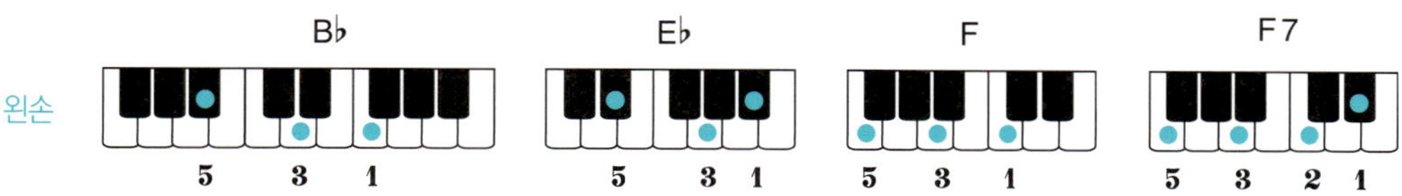

▶▶▶▶ 자리바꿈형

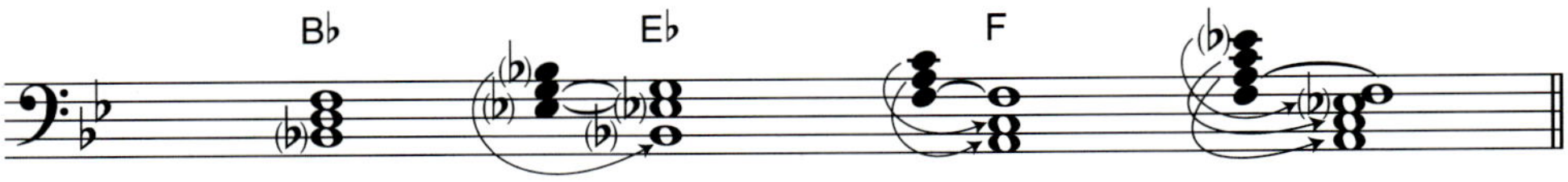

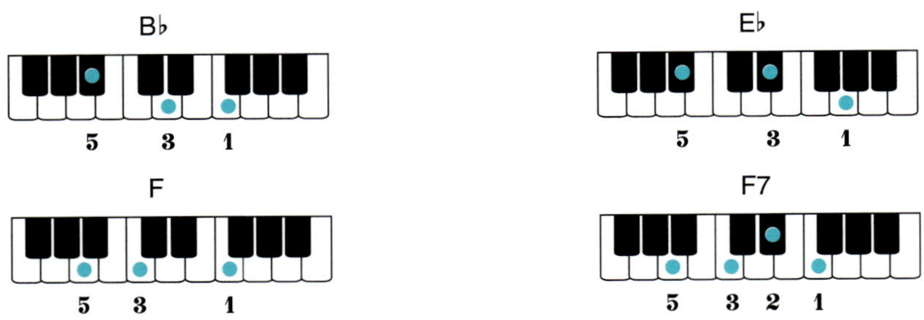

TEACHING POINT

화음을 연결할 때는 손가락의 움직임이 너무 멀지 않도록 가깝게 진행하는 것이 좋으므로 반주 시에는 자리바꿈형을 주로 사용한다.

② 코드 기호를 보고 치기

TEACHING POINT

B♭장조(내림나장조)의 주요 3화음인 B♭, E♭, F(혹은 F7) 코드는 B♭장조에서 가장 많이 사용되는 화음이므로 익숙해질 때까지 충분히 연습하는 것이 필요하다.

③ $\frac{2}{4}$박자 반주 연습

▶▶▶ 밀집형 반주 연습

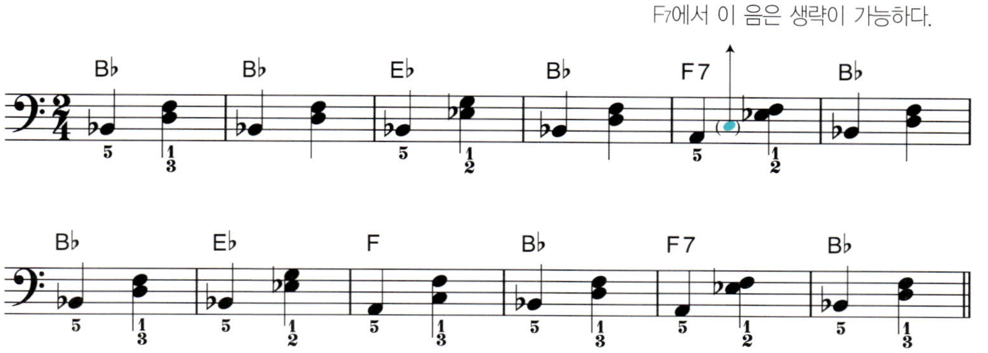

▶▶▶ 위의 반주형으로 반주 넣어보기

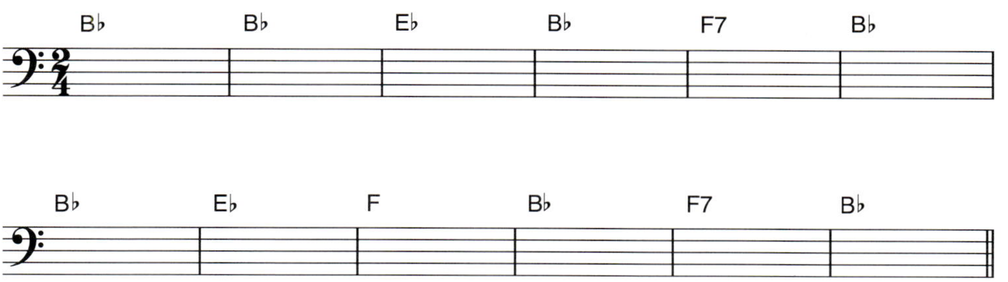

▶▶▶ 펼침형 반주 연습

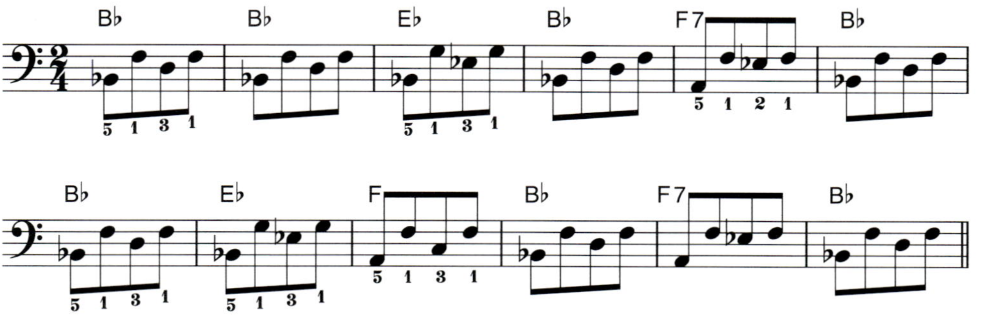

▶▶▶▶ 위의 반주형으로 반주 넣어보기

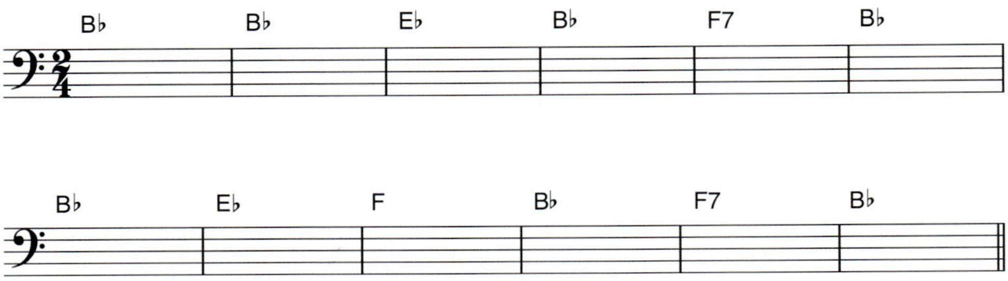

④ $\frac{3}{4}$박자 반주 연습

▶▶▶▶ 밀집형 반주 연습

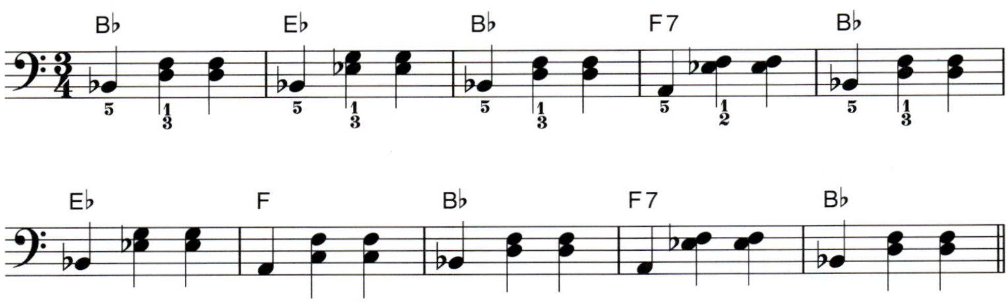

▶▶▶▶ 위의 반주형으로 반주 넣어보기

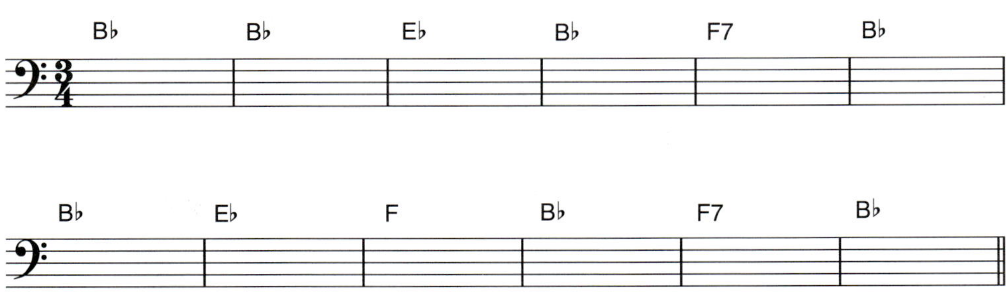

▶▶▶ 펼침형 반주 연습

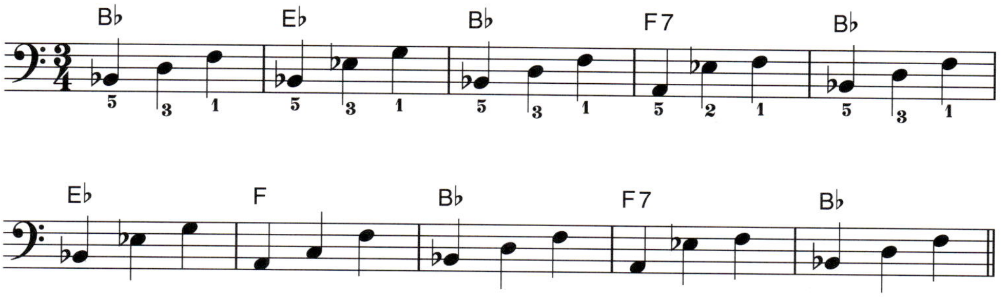

▶▶▶ 위의 반주형으로 반주 넣어보기

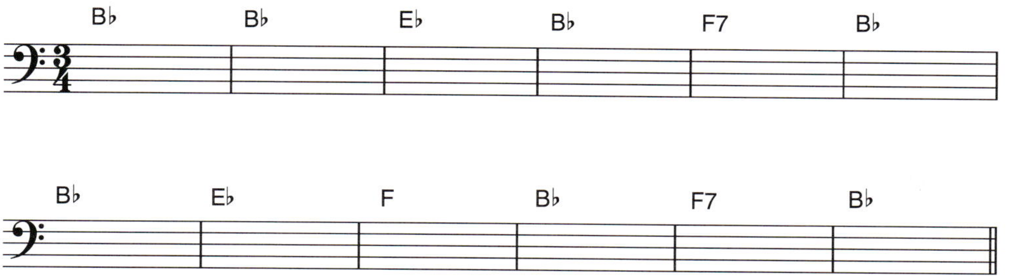

▶▶▶ 펼침형 반주 연습

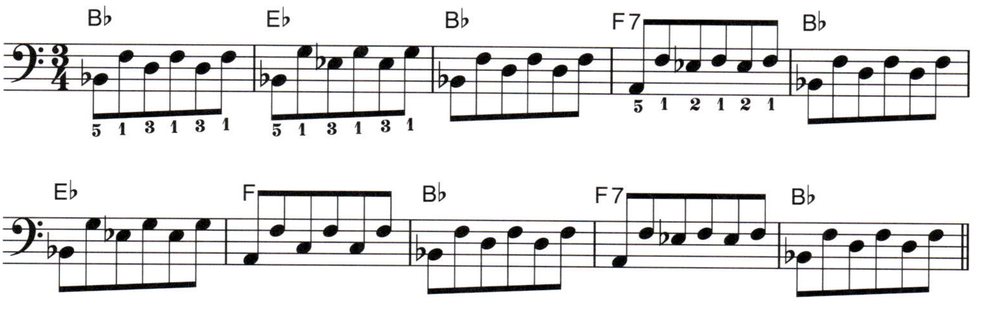

▶▶▶▶ 위의 반주형으로 반주 넣어보기

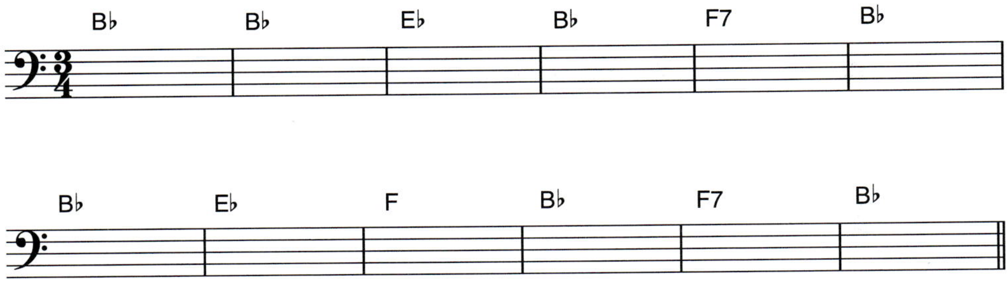

⑤ $\frac{4}{4}$ 박자 반주 연습

▶▶▶▶ 밀집형 반주 연습

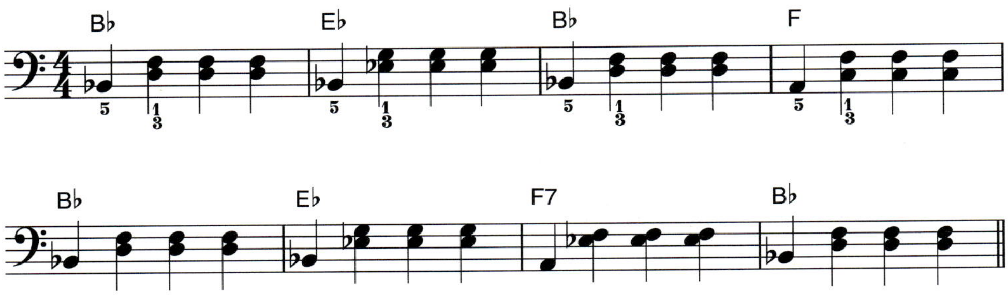

▶▶▶▶ 위의 반주형으로 반주 넣어보기

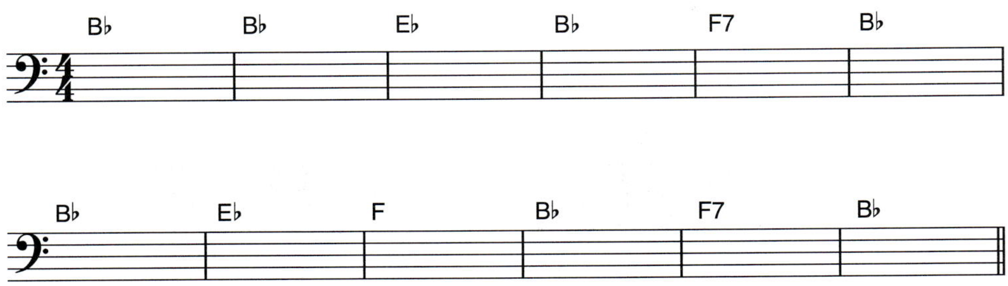

▶▶▶ 펼침형 반주 연습

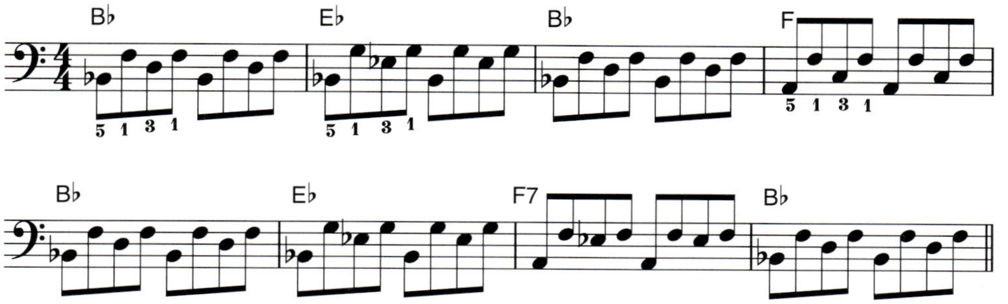

▶▶▶ 위의 반주형으로 반주 넣어보기

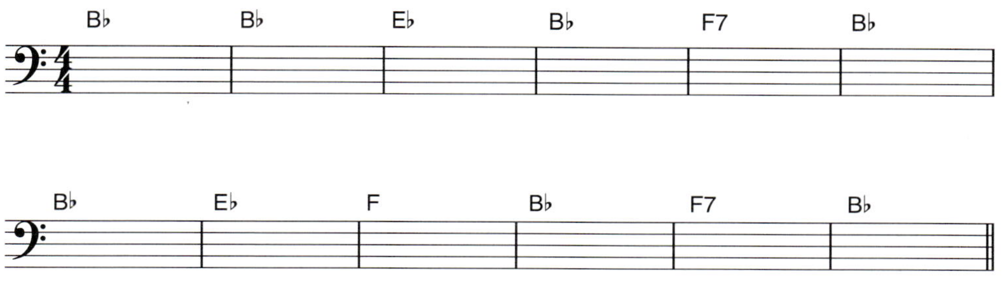

⑥ $\frac{6}{8}$ 박자 반주 연습

▶▶▶ 밀집형 반주 연습

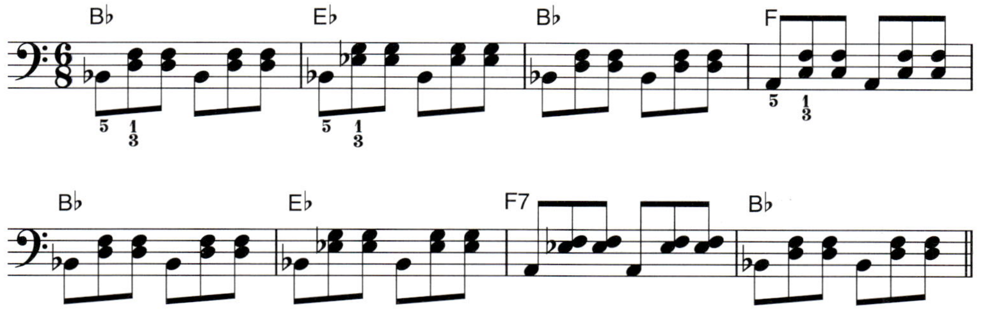

▶▶▶ 위의 반주형으로 반주 넣어보기

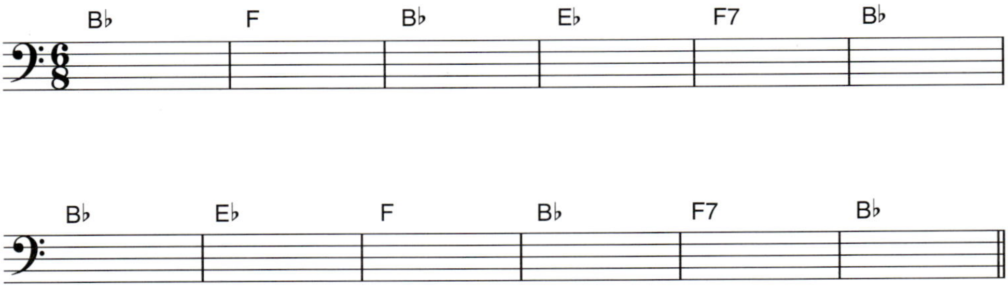

▶▶▶ 펼침형 반주 연습

▶▶▶ 위의 반주형으로 반주 넣어보기

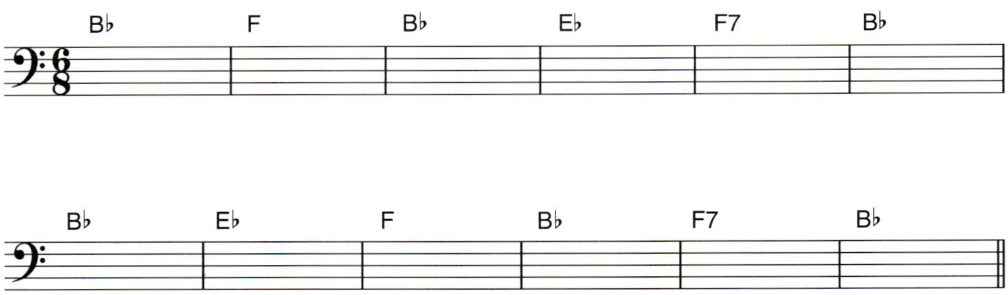

⑦ 양손 1단계 반주 연습 – 코드로 치기

■ 보기와 같이 왼손을 코드로 반주해 보자.

보 기

※ 작사/ 강소천 • 작곡/ 김공선 • 제목/ 나무야

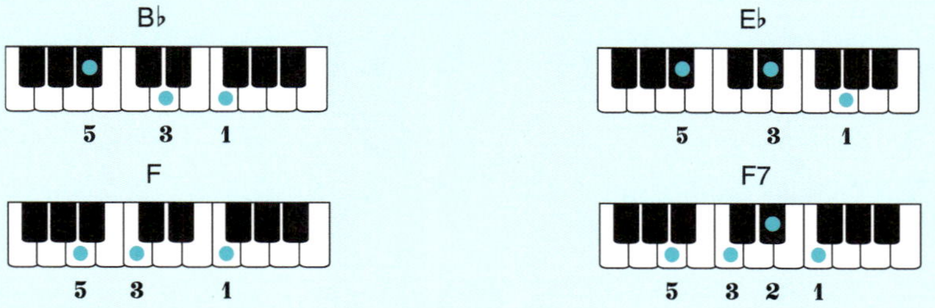

▶▶▶▶ 위의 보기와 같이 왼손은 코드로 치면서 양손을 연습해 보자.

1 구슬비

※ 작사/ 권오순 • 작곡/ 안병원 • 제목/ 구슬비

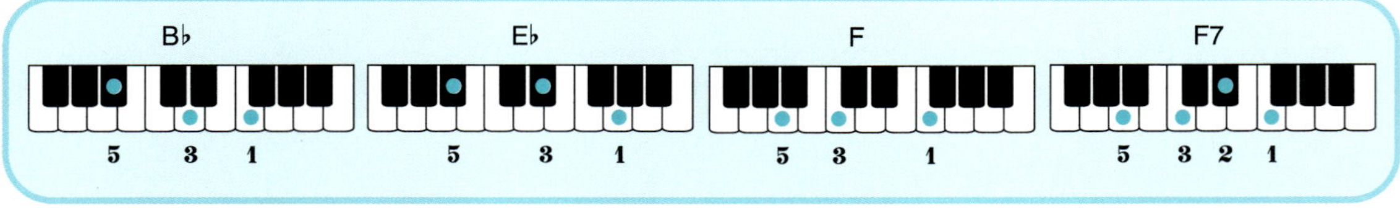

2 봄바람

※ **작사**/ 신계열 • **작곡**/ 임혜정 • **제목**/ 봄바람

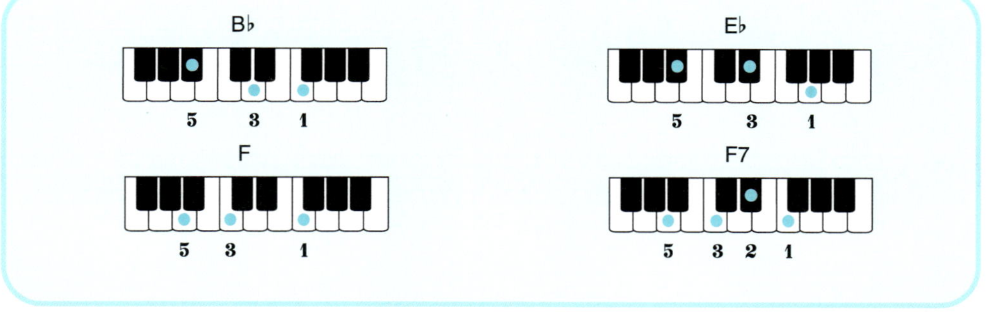

3 봄날에는

B♭
잎 피 는 봄 날 에 는 공 기 도 푸 르 르 고
F7
B♭
꽃 피 는 봄 날 에 는 바 람 도 향 기 롭 고
B♭
E♭
새 우 는 봄 날 에 는 햇 살 도 매 끄 럽 고
B♭
F7
B♭
비 오 는 봄 날 에 는 산 들 도 새 옷 입 고

※ 작사/ 임석재 • 작곡/ 임혜정 • 제목/ 봄날에는

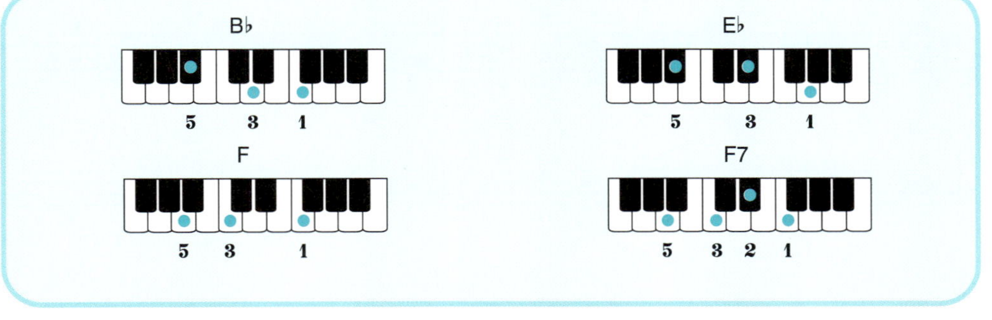

4 나무야

※ 작사/ 강소천 • 작곡/ 김공선 • 제목/ 나무야

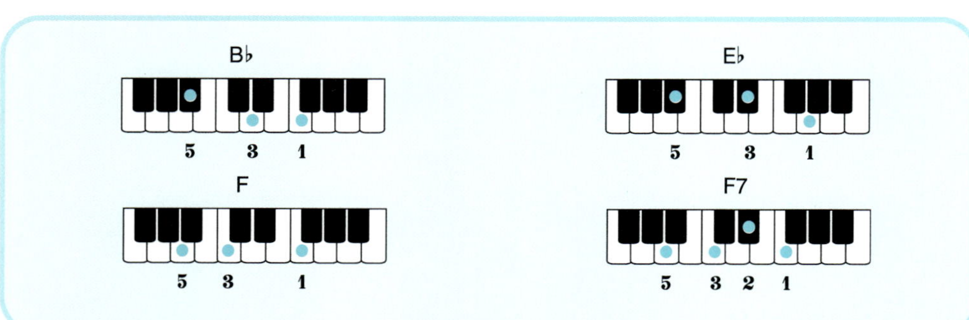

5 봄

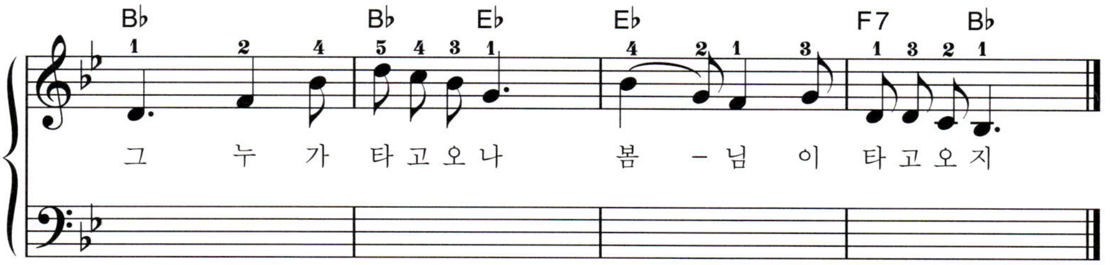

※ 작사/ 미상 • 작곡/ 권길상 • 제목/ 봄

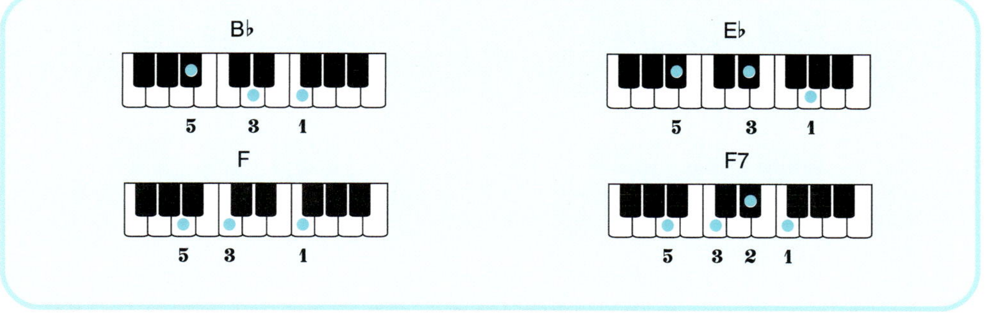

⑧ 양손 2단계 반주 연습 – 밀집형 반주하기

■ 보기와 같이 왼손을 밀집형으로 반주해 보자.

보 기

※ 작사/ 미상 • 작곡/ 최병일 • 제목/ 깊고도 넓고도

▸▸▸▸ 위의 보기와 같이 왼손을 밀집형으로 반주해 보자.

1 우산

※ 작사 • 작곡/ 안병원 • 제목/ 우산

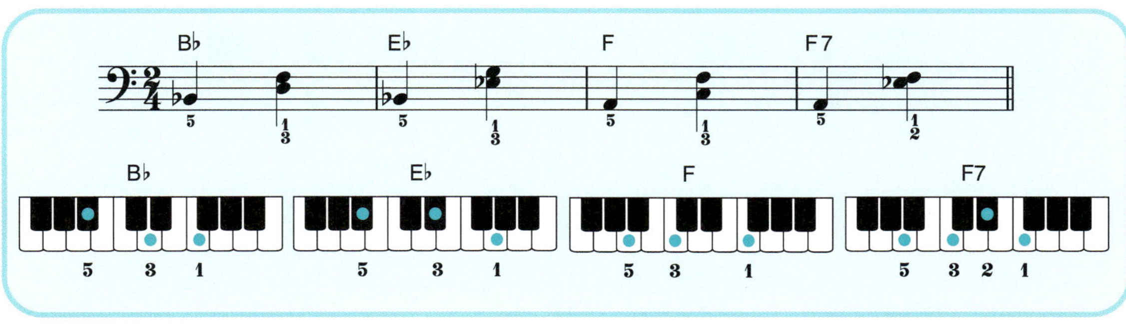

2 시냇물

→ 못갖춘마디는 반주하지 않는다.

→ 한 박을 반주하게 될 때는 코드로 친다.

※ **작사**/ 윤석중 • **작곡**/ 박태준 • **제목**/ 시냇물

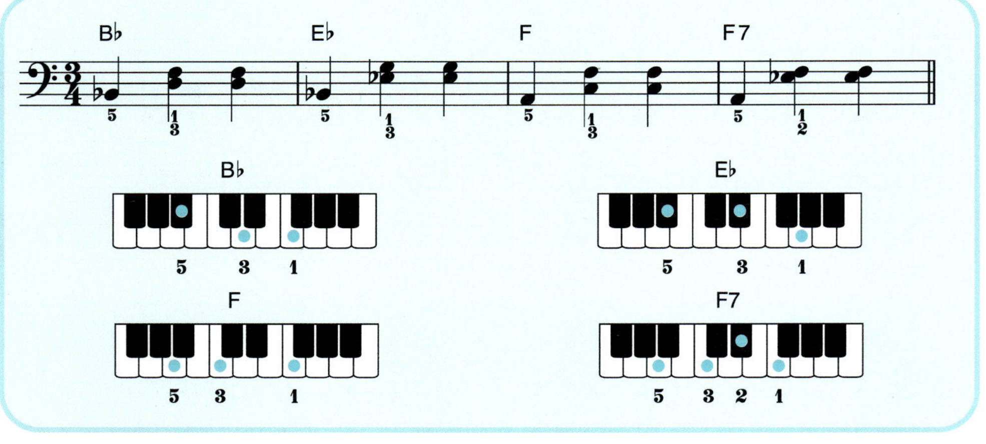

3 깊고도 넓고도

※ 작사/ 미상 • 작곡/ 최병일 • 제목/ 깊고도 넓고도

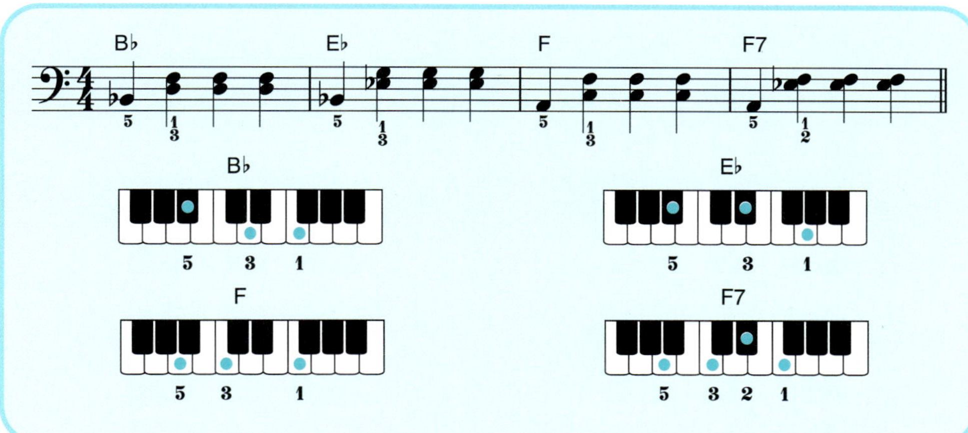

4 내 주먹

※ **작사**/ 미상 • **작곡**/ 박재훈 • **제목**/ 내 주먹

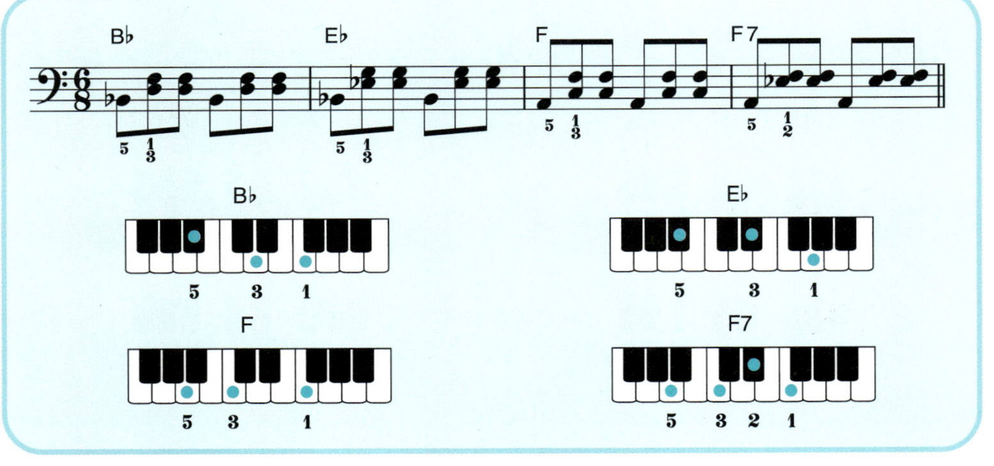

⑨ 양손 3단계 반주 연습 – 분산형 반주하기

■ 보기와 같이 왼손을 분산형으로 반주해 보자.

보 기

※ 작사/ 이원수 • 작곡/ 홍난파 • 제목/ 고향의 봄

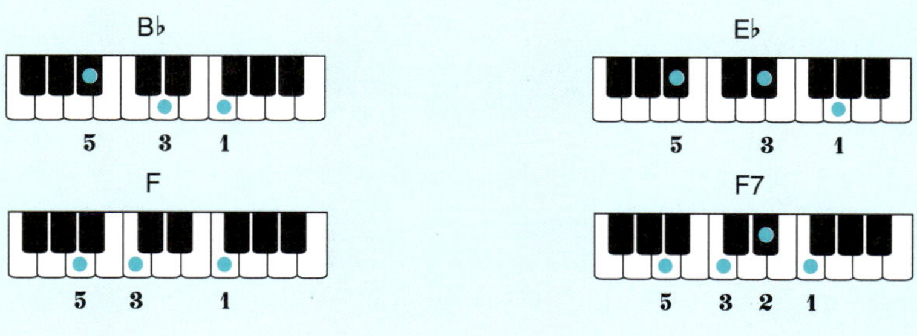

▶▶▶ 위의 보기와 같이 왼손을 분산형으로 반주해 보자.

1 풍선

※ 작사/ 윤남이 • 작곡/ 이은숙 • 제목/ 풍선

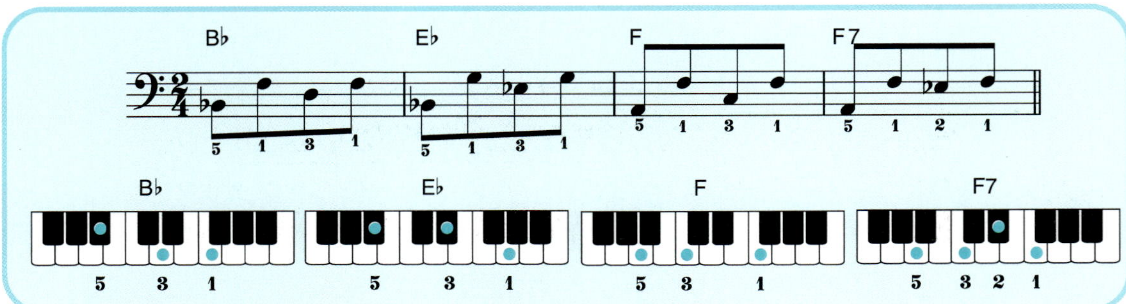

2 고요한 밤 거룩한 밤

※ 작사/ 미상 • 작곡/ 그루버 • 제목/ 고요한 밤 거룩한 밤

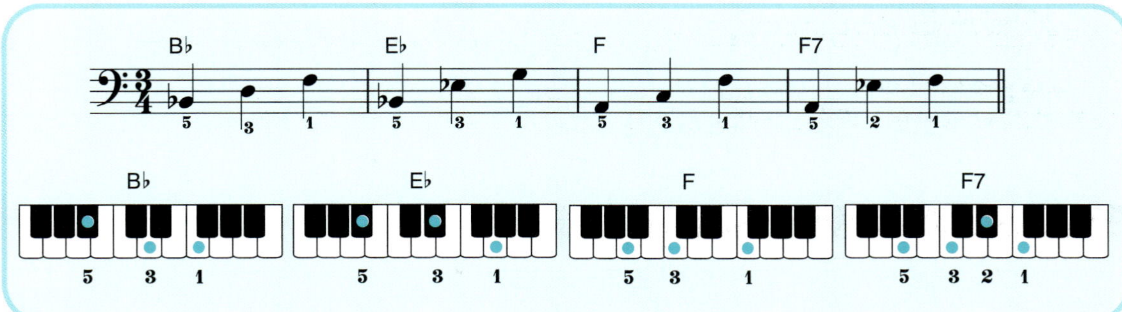

3 고향의 봄

※ 작사/ 이원수 • 작곡/ 홍난파 • 제목/ 고향의 봄

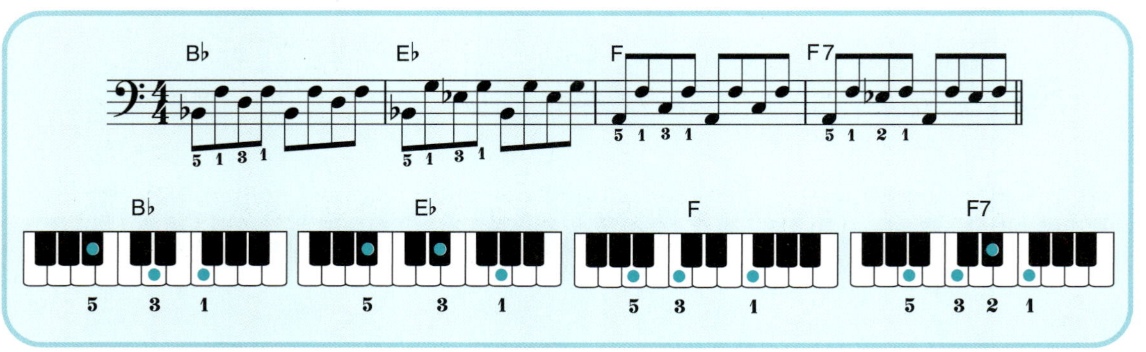

4 어머님 은혜

※ 작사/ 윤춘병 • 작곡/ 박재훈 • 제목/ 어머님 은혜

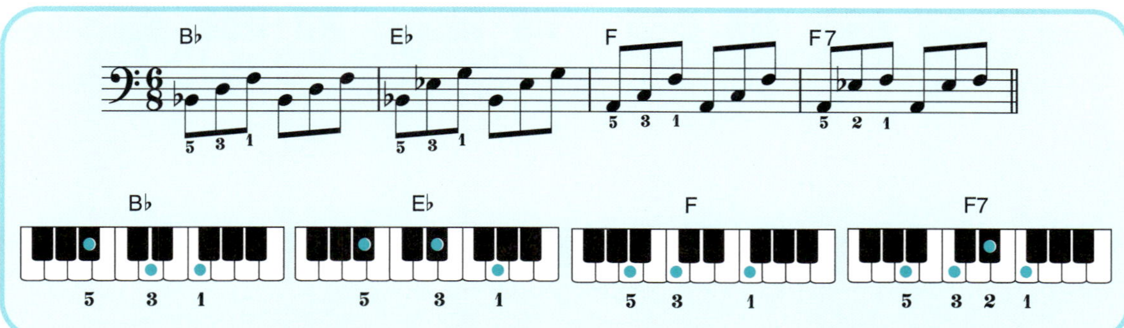

(6) 그 외의 조성 연습

① A장조(가장조) 연습

■ 주요 3화음

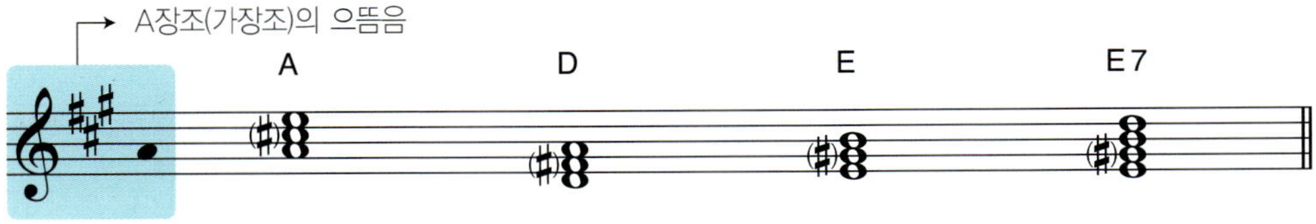

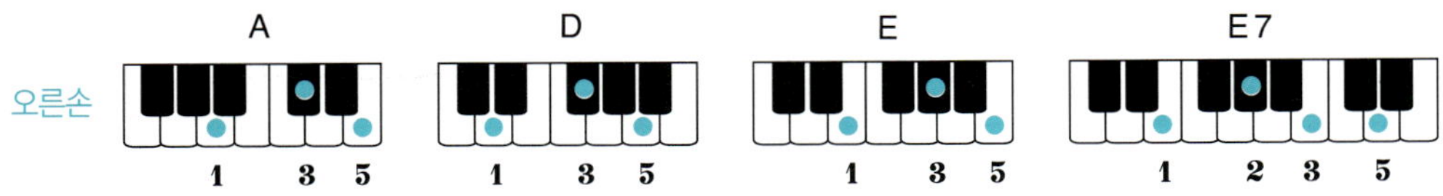

TEACHING POINT

E 코드에서는 E 코드(딸림3화음)와 E7(딸림7화음)이 자유롭게 사용될 수 있으나 E7 코드가 E 코드보다 더 풍성한 울림을 가져다주므로 더 즐겨 사용된다.

▶▶▶ 낮은음자리표로 전환

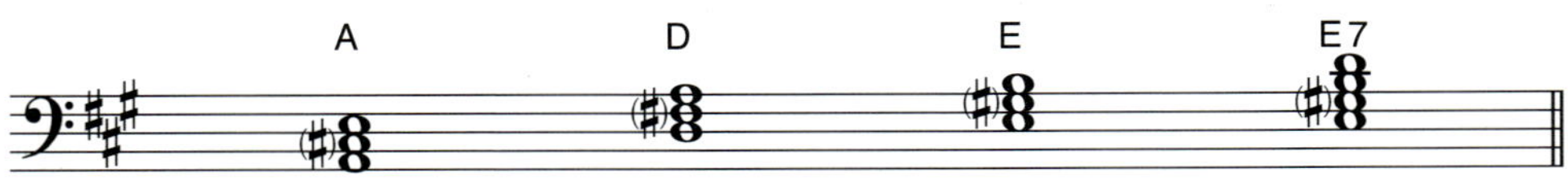

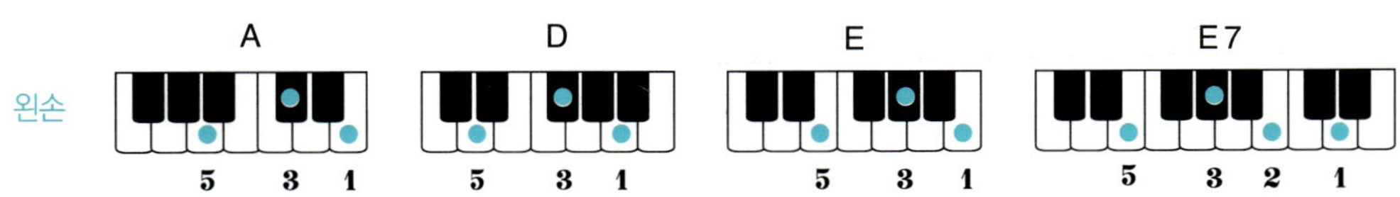

▶▶▶ 자리바꿈형

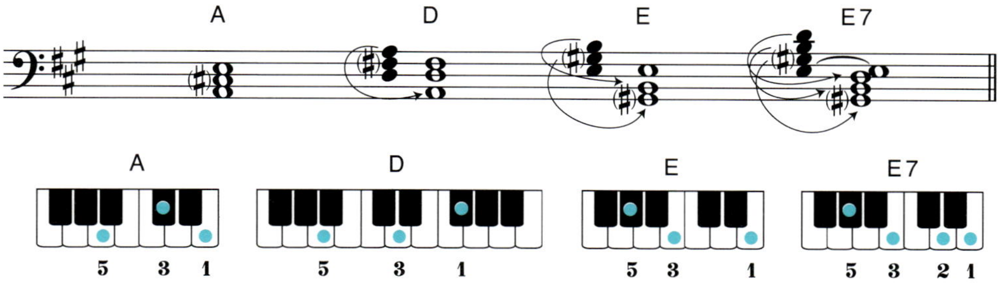

TEACHING POINT

화음을 연결할 때는 손가락의 움직임이 너무 멀지 않도록 가깝게 진행하는 것이 좋으므로 반주 시에는 자리바꿈형을 주로 사용한다.

■ 코드 기호를 보고 치기

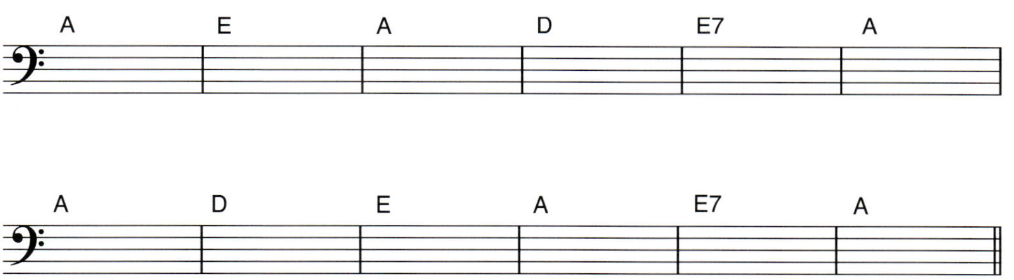

TEACHING POINT

A장조(가장조)의 주요 3화음인 A, D, E(혹은 E7) 코드는 A장조에서 가장 많이 사용되는 화음이므로 익숙해질 때까지 충분히 연습하는 것이 필요하다.

▶▶▶ 아래의 반주형으로 반주 넣어보기

1 창 밖을 보라

※ 외국곡 • 제목/ 창 밖을 보라

❶ 밀집형 반주

❷ 분산형 반주

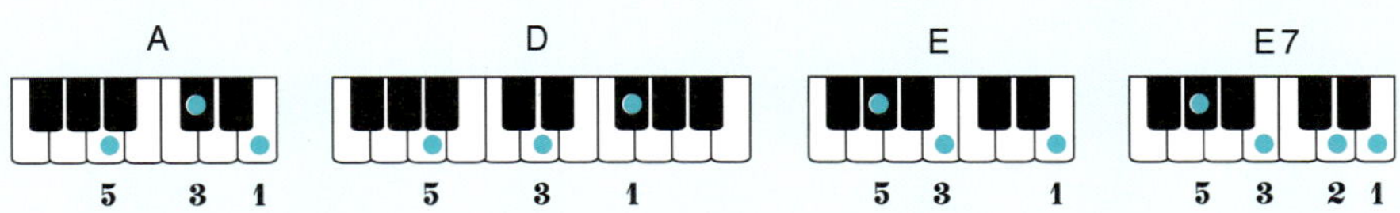

② E♭ 장조(내림마장조) 연습

■ 주요 3화음

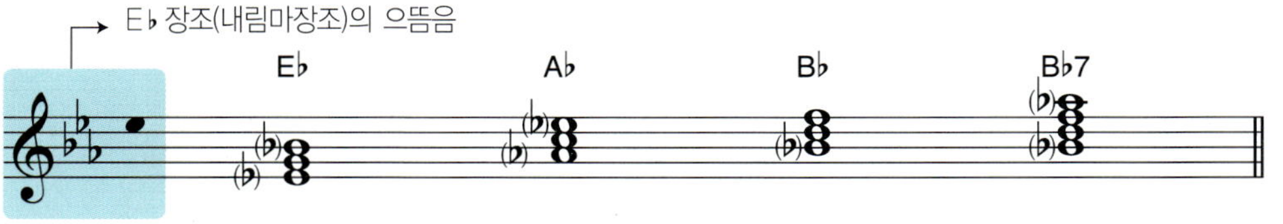

오른손

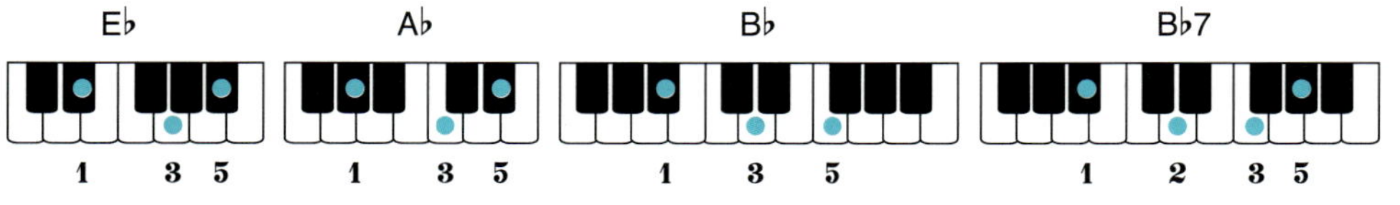

TEACHING POINT

B♭ 코드에서는 B♭ 코드(딸림3화음)와 B♭7(딸림7화음)이 자유롭게 사용될 수 있으나 B♭7 코드가 B♭ 코드보다 더 풍성한 울림을 가져다주므로 더 즐겨 사용된다.

▶▶▶ 낮은음자리표로 전환

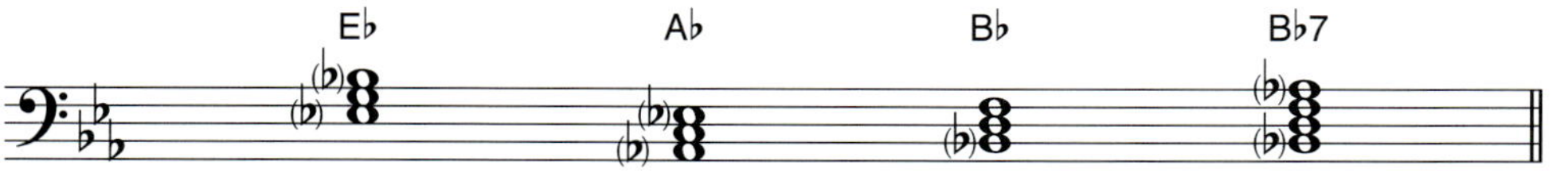

왼손

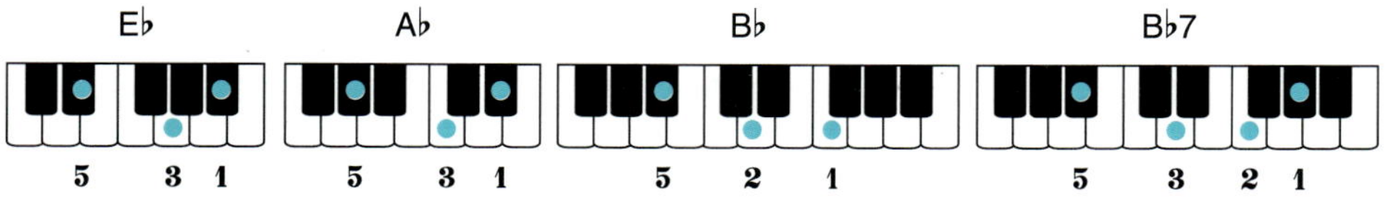

▶▶▶ 자리바꿈형

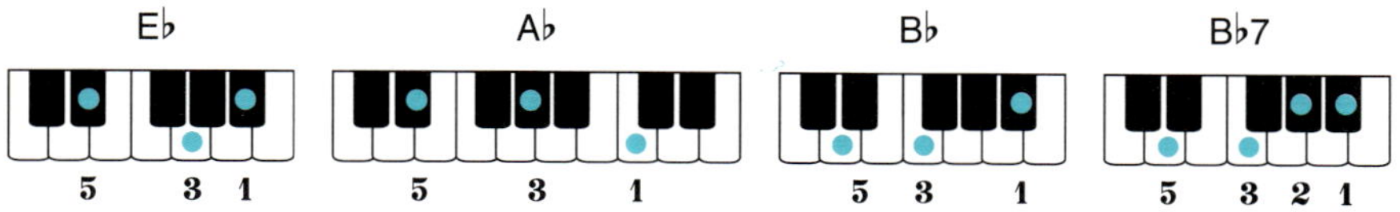

TEACHING POINT

화음을 연결할 때는 손가락의 움직임이 너무 멀지 않도록 가깝게 진행하는 것이 좋으므로 반주 시에는 자리바꿈형을 주로 사용한다.

■ 코드 기호를 보고 치기

TEACHING POINT

E♭ 장조(가장조)의 주요 3화음인 E♭, A♭, B♭(혹은 B♭7) 코드는 E♭ 장조에서 가장 많이 사용되는 화음이므로 익숙해질 때까지 충분히 연습하는 것이 필요하다.

▶▶▶ 아래의 반주형으로 반주 넣어보기

1 둘이서 둘이서

※ 작사 • 작곡/ 정진성 • 제목/ 둘이서 둘이서

❶ 밀집형 반주

❷ 분산형 반주

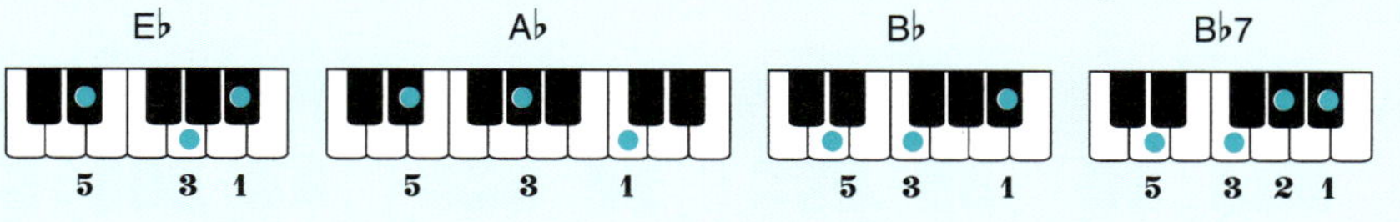

③ A단조(가단조) 연습

> **TEACHING POINT**
> 단조는 대문자 알파벳에 m(minor)을 붙여 표기한다.

■ 주요 3화음

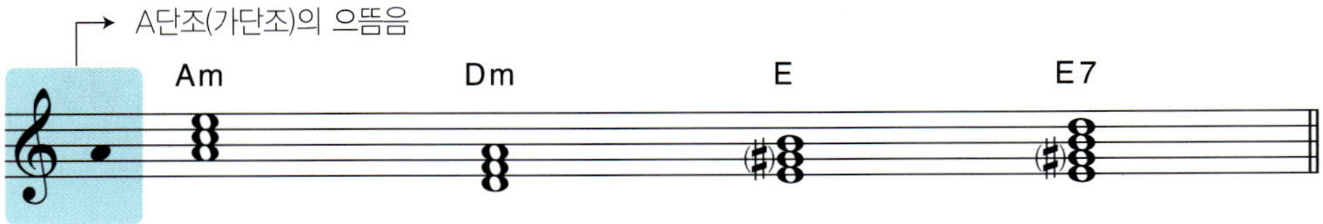

오른손

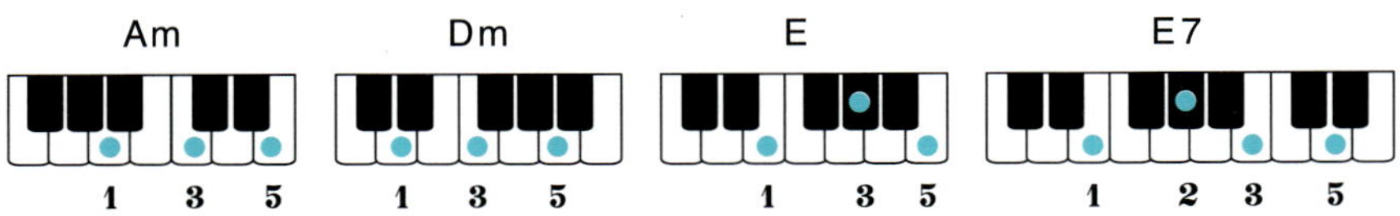

> **TEACHING POINT**
> E 코드에서는 E 코드(딸림3화음)와 E7(딸림7화음)이 자유롭게 사용될 수 있으나 E7 코드가 E 코드보다 더 풍성한 울림을 가져다주므로 더 즐겨 사용된다.

▶▶▶ 낮은음자리표로 전환

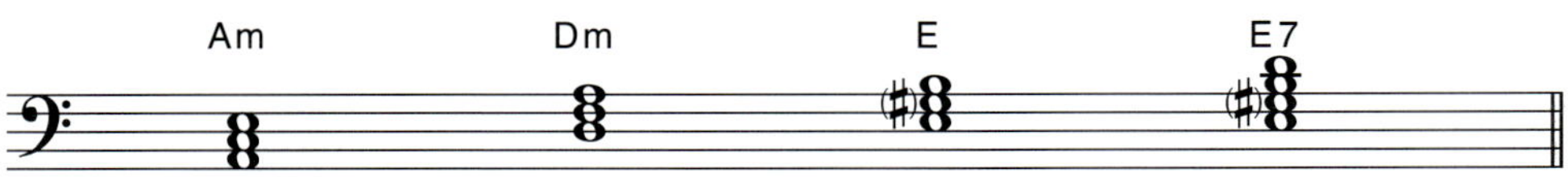

왼손

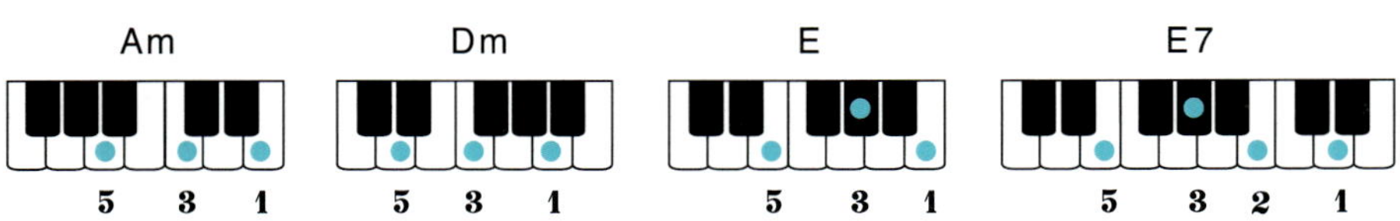

▶▶▶ 자리바꿈형

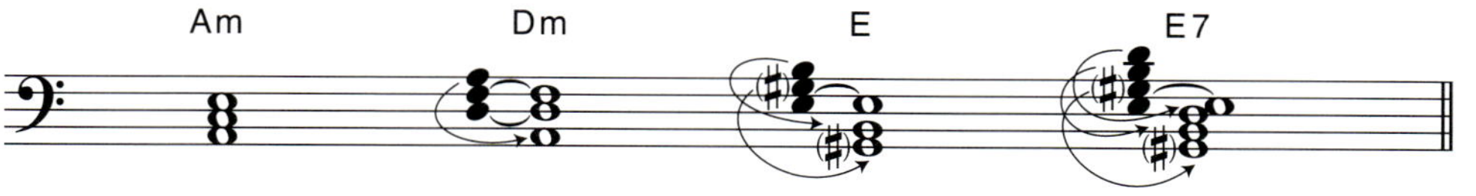

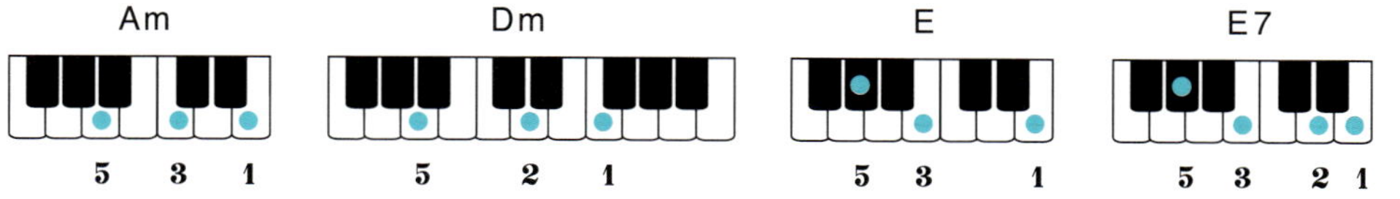

TEACHING POINT

화음을 연결할 때는 손가락의 움직임이 너무 멀지 않도록 가깝게 진행하는 것이 좋으므로 반주 시에는 자리바꿈형을 주로 사용한다.

■ 코드 기호를 보고 치기

TEACHING POINT

Am(가단조)의 주요 3화음인 Am, Dm, E(혹은 E7) 코드는 Am(가단조)에서 가장 많이 사용되는 화음이므로 익숙해질 때까지 충분히 연습하는 것이 필요하다.

▶▶▶ 아래의 반주형으로 반주 넣어보기

1 아빠와 크레파스

※ 작사 • 작곡/ 이혜민 • 제목/ 아빠와 크레파스

❶ 밀집형 반주

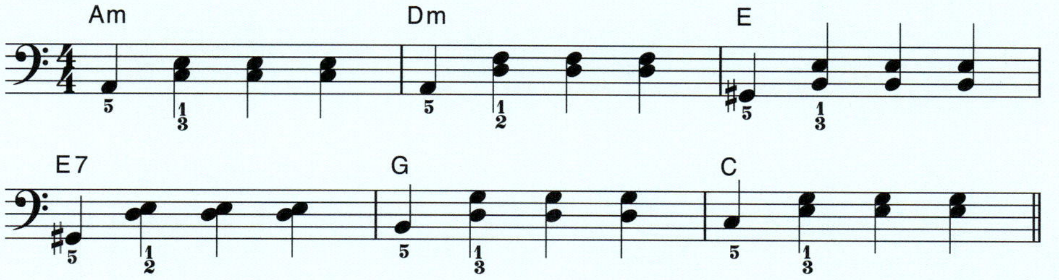

❷ 분산형 반주

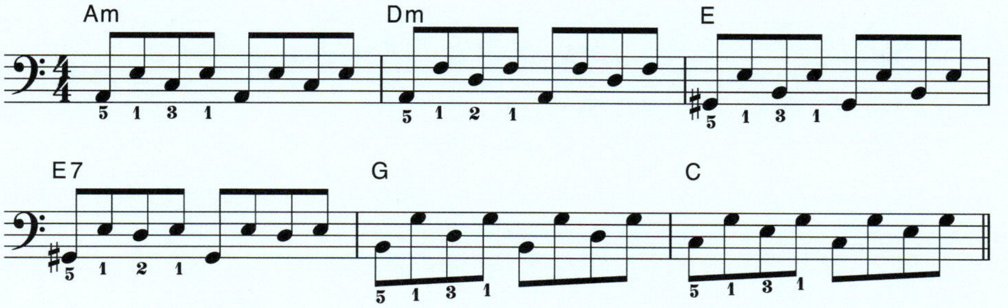

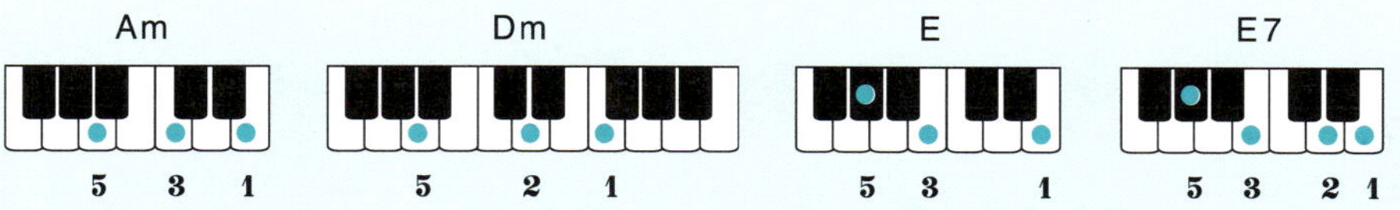

2) 반주 만들기 실습

(1) C장조(다장조) 연습

1 기린 미끄럼

※ 작사/ 김계원 • 작곡/ 이은열 • 제목/ 기린 미끄럼

2 코끼리와 거미줄

※ 작사 • 작곡/ 미상 • 제목/ 코끼리와 거미줄

3 산중호걸

※ 작사 • 작곡/ 이요섭 • 제목/ 산중호걸

4 둥근 해가 떴습니다

※ 작사 • 작곡/ 미상 • 제목/ 둥근 해가 떴습니다

5 뽀뽀뽀 친구

※ 작사 • 작곡/ 이재휘 • 제목/ 뽀뽀뽀 친구

6 나는 나는 착한 아이되고 싶어요

※ 작사/ 유경손 • 작곡/ 나운영 • 제목/ 나는 나는 착한 아이되고 싶어요

(2) G장조(사장조) 연습

1 쥐가 한 마리

※ **작사**/ 미상 • **작곡**/ 최병일 • **제목**/ 쥐가 한 마리

2 가을 동산

※ 작사 • 작곡/ 임혜정 • 제목/ 가을 동산

3 펭귄춤

※ 작사 • 작곡/ 미상 • 제목/ 펭귄춤

4 뚱보 아저씨

※ 작사 • 작곡/ 이요섭 • 제목/ 뚱보 아저씨

5 꼬부랑 할머니

※ 작사 • 작곡/ 한태근 • 제목/ 꼬부랑 할머니

(3) F장조(바장조) 연습

1 할아버지 시계

※ 작사/ 미상 • 작곡/ 워크 • 제목/ 할아버지 시계

2 악기놀이

※ 작사 • 작곡/ 유병무 • 제목/ 악기놀이

3 올챙이와 개구리

※ 작사 • 작곡/ 윤현진 • 제목/ 올챙이와 개구리

4 아침 일찍 일어나

※ 작사 • 작곡/ 임혜정 • 제목/ 아침 일찍 일어나

5 쥐가 한 마리

※ 작사 • 작곡/ 미상 • 제목/ 쥐가 한 마리

6 바다

※ 작사 • 작곡/ 임혜정 • 제목/ 바다

7 원더풀 코리아

※ 작사 • 작곡/ 임혜정 • 제목/ 원더풀 코리아

8 굴렁쇠

※ 작사/ 조윤미 • 작곡/ 진현경 • 제목/ 굴렁쇠

(4) D장조(라장조) 연습

1 멋쟁이 토마토

※ 작사 • 작곡/ 김영광 • 제목/ 멋쟁이 토마토

2 봄이 왔어요

※ 작사/ 임인전 • 작곡/ 임정은 • 제목/ 봄이 왔어요

3 털보영감님

※ 작사 • 작곡/ 미상 • 제목/ 털보영감님

4 당신은 누구십니까?

※ 작곡/ 외국곡 • 제목/ 당신은 누구십니까?

5 식사 기도

※ 외국곡 • 제목/ 식사 기도

6 산 속의 음악가

※ 독일민요 • 제목/ 산 속의 음악가

7 기분이 좋아요

※ 작사 • 작곡/ 임혜정 • 제목/ 기분이 좋아요

8 예쁜 어린이

※ 작사 • 작곡/ 정규희 • 제목/ 예쁜 어린이

9 크게 작게

※ 외국곡 • 제목/ 크게 작게

10 내가 먼저

※ 작사 • 작곡/ 임혜정 • 제목/ 내가 먼저

11 동물들의 악기 연주

※ 작사 • 작곡/ 김진영 • 제목/ 동물들의 악기 연주

12 착한 아이 예쁜 아이

※ 작사/ 박경종 • 작곡/ 정혜옥 • 제목/ 착한 아이 예쁜 아이

(5) B♭ 장조(내림나장조) 연습

1 정든 그 노래

※ 작사 • 작곡/ 전석환 • 제목/ 정든 그 노래

2 올챙이 학교

※ 작사 • 작곡/ 미상 • 제목/ 올챙이 학교

3 흰구름

※ 외국곡 • 제목/ 흰구름

(6) A장조(가장조) 연습

1 무엇일까요

※ 작사/ 이은영 • 작곡/ 임혜정 • 제목/ 무엇일까요

2 모양 찾기

※ 작사 • 작곡/ 임혜정 • 제목/ 모양 찾기

3 무지개

※ **작사**/ 오명자 • **작곡**/ 임혜정 • **제목**/ 무지개

4 어린이 왈츠

※ **작사**/ 원치호 • **작곡**/ 권길상 • **제목**/ 어린이 왈츠

(7) E♭ 장조(내림마장조) 연습

1 지구마을

※ 작사/ 윤석중 • 작곡/ 정수민 • 제목/ 지구마을

3) 특별한 날을 위한 곡의 연습

(1) 크리스마스

1 A Merry Christmas

※ 외국곡 • 제목/ A Merry Christmas

2 산타 할아버지

※ 작사 • 작곡/ 김성균 • 제목/ 산타 할아버지

3 고요한 밤 거룩한 밤

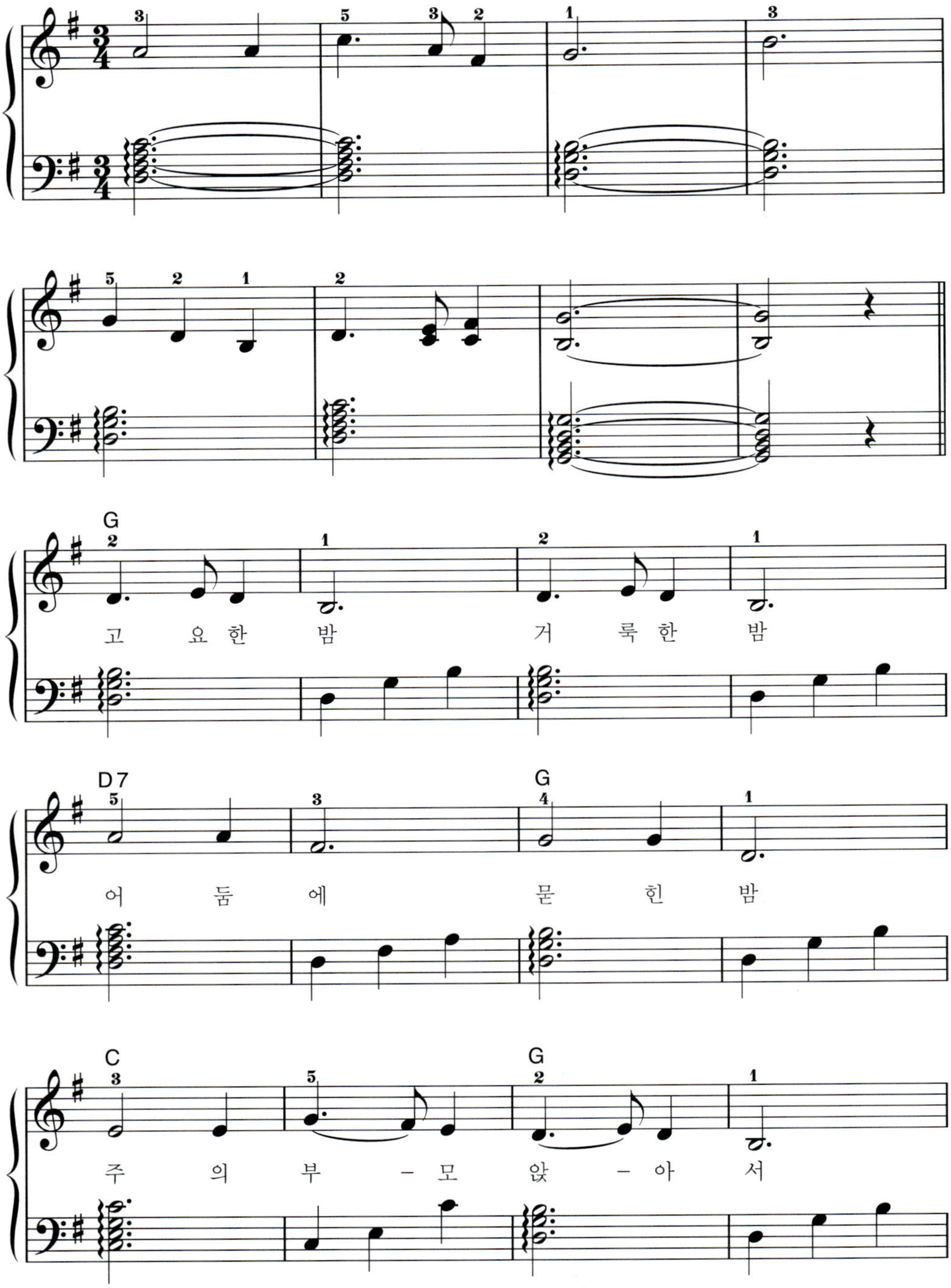
G
고 요 한 밤 거 룩 한 밤
D7 G
어 둠 에 묻 힌 밤
C G
주 의 부 - 모 앉 - 아 서

※ 작사/ 미상 • 작곡/ 그루버 • 제목/ 고요한 밤 거룩한 밤

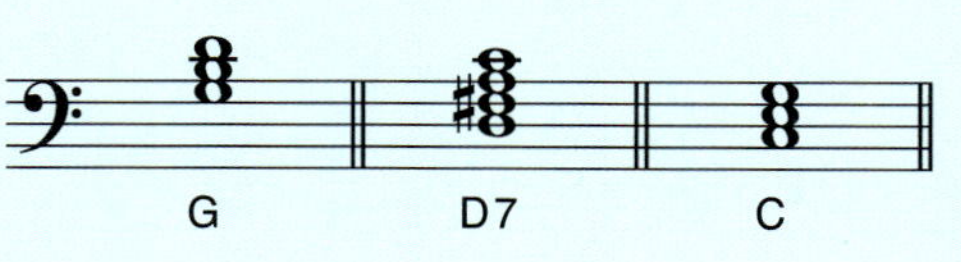

4 루돌프 사슴코

C
G7
루 돌 프 사 슴 코 는 매 우 반 짝 이 는 코
G7
C
만 일 네 가 봤 다 면 불 붙 는 다 했 겠 지
G7
다 른 모 든 사 슴 들 놀 려 대 며 웃 었 네
C
가 엾 은 저 루 돌 프 외 톨 이 가 되 었 네

※ 작사 • 작곡/ 쟈니 마크 • 제목/ 루돌프 사슴코

5 종소리

D
G
흰 눈 사 이 로 썰 매 를 타 고
Em
A7
D
달 리 는 기 분 상 쾌 도 하 다 –
D
G
종 이 울 려 서 장 단 맞 추 니
Em
A7
D
흥 겨 워 서 소 리 높 여 노 래 부 른 다

※ 작사/ 안병원 • 작곡/ 미국곡 • 제목/ 종소리

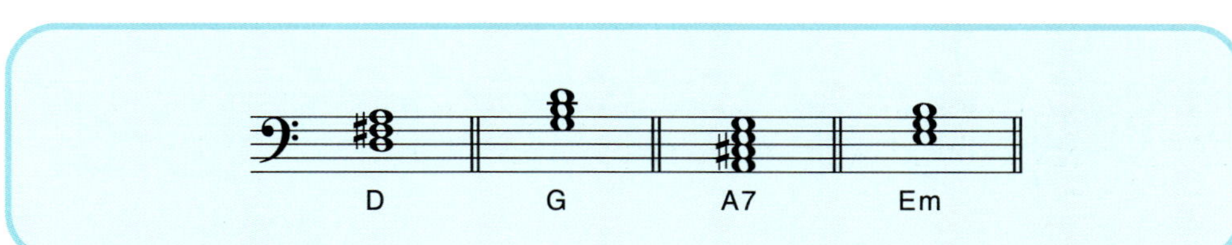

6 창 밖을 보라

A
E7
창밖 을보 라 창밖 을보 라 흰눈 이내 린 다
E7
A
창밖 을보 라 창밖 을보 라 찬기 운이 왔 다
A
E7
썰매 를타 는 어린 이들 은 해가 는줄도 모르 고
E7
A
눈길 위에 다 썰매 를깔 고 즐겁 게달 린 다

D
A
긴 긴 해 가 다 가고— 어 둠 이 오 면
D
D♯dim
E7
오 색 빛 이 찬 란한— 거 리 거 리 에 성 탄 빛
A
E7
추운 겨울 이 다가 기전 에 마음 껏즐 기 자
E
A
밝고 흰눈 이 새봄 빛속 에 사라 지기 전 에

※ 외국곡 • 제목/ 창 밖을 보라

A
E7
D♯dim
D

7 메리 크리스마스

※ 작사 • 작곡/ 김성균 • 제목/ 메리 크리스마스

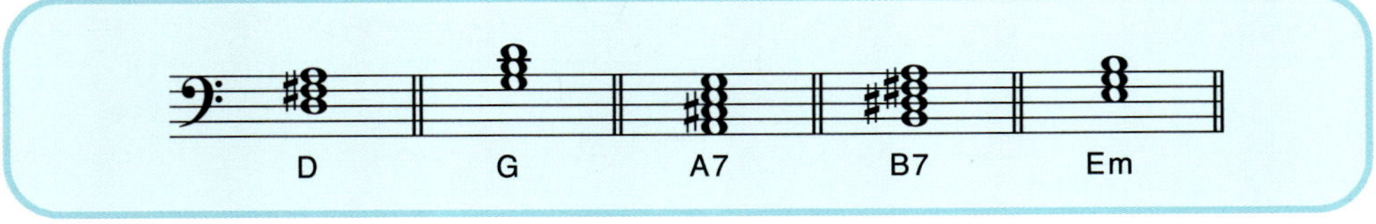

(2) 새해

1 설날에

※ 작사 • 작곡/ 유숙자 • 제목/ 설날에

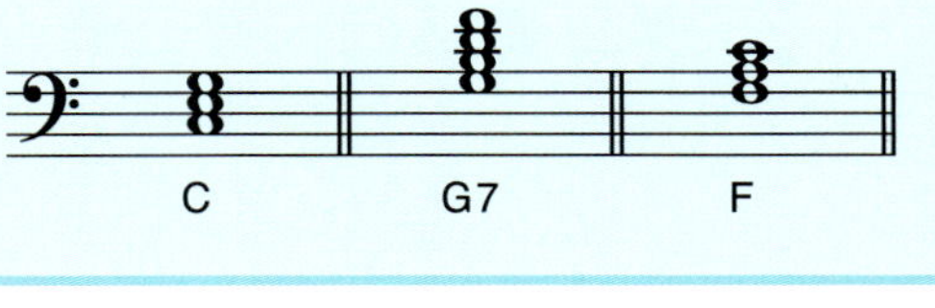

(3) 어린이날

1 어린이 왈츠

※ **작사**/ 원치호 • **작곡**/ 권길상 • **제목**/ 어린이 왈츠

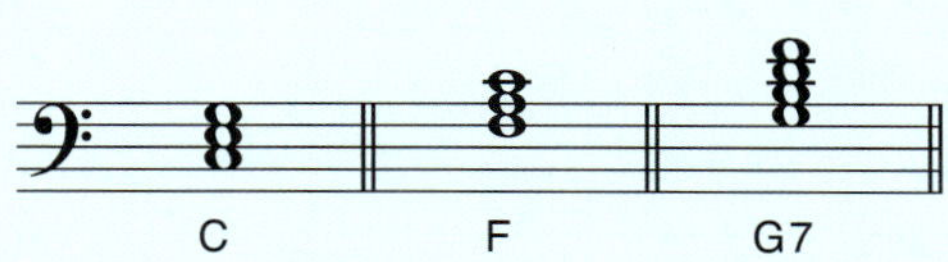

(4) 어버이날

1 어머님 은혜

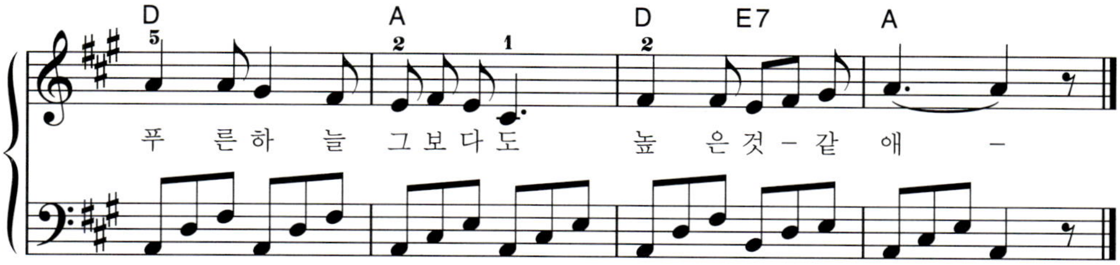

※ **작사**/ 윤춘병 • **작곡**/ 박재훈 • **제목**/ 어머님 은혜

(5) 생일

1 당신의 생일을 축하합니다

※ 작사/ 미상 • 작곡/ 리차드 • 제목/ 당신의 생일을 축하합니다

2 생일축하노래

※ 외국곡 • 제목/ 생일축하노래

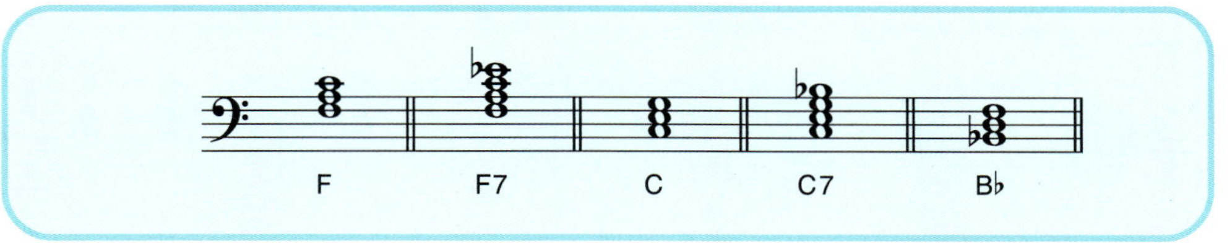

(6) 졸업

1 졸업노래

D A7 D
아 침 마 다 모 여 서 재 미 있 게 지 내 던
G D A7
사 랑 하 는 유 치 원 을 떠 나 가 게 되 었 네
D A7 D G
우 리 우 리 선 생 님 안 – 녕 히 – 계 세 요

※ **작사**/ 나운영 • **작곡**/ 유경손 • **제목**/ 졸업노래

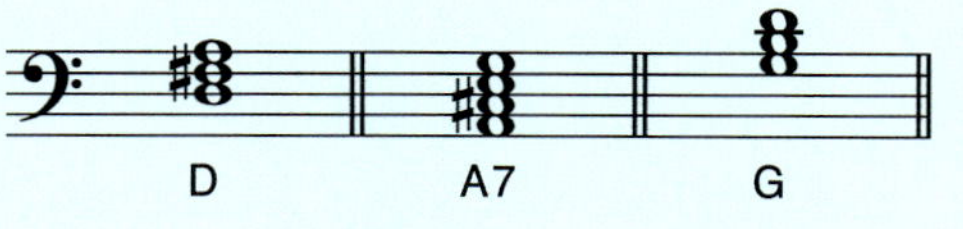

부 록

01 코드표

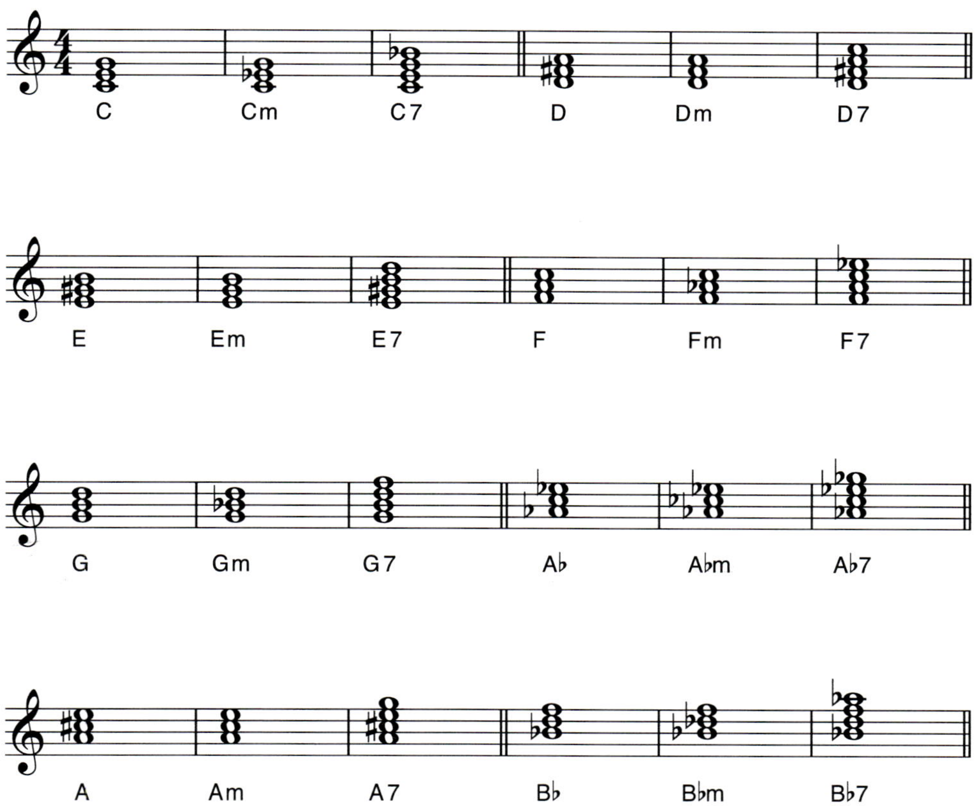
C
Cm
C7
D
Dm
D7
E
Em
E7
F
Fm
F7
G
Gm
G7
A♭
A♭m
A♭7
A
Am
A7
B♭
B♭m
B♭7

02 동요색인

ㅂ

ㅅ

ㅇ

참고문헌

김혜숙(2003). 주제별 유치원 동요반주곡집. 서울: 창지사.
남주희(2004). 어린이 피아노 반주완성. 서울: 세광데이타.
상지영서대학 유아교육과 편(1997). 새동요 100곡집. 서울: 동문사.
신인숙(1999). 유아교육기관에서의 음악이론과 반주법. 서울: 양서원.
육순진(1998). 유아교사를 위한 반주법의 이론과 실제. 서울: 정민사.
이관섭 · 이미혜 · 이덕주(1991). 유아교사를 위한 음악이론과 반주법. 서울: 양서원.
이관섭 편(1997). 유아교사를 위한 유아음악교육. 서울: 양서원.
이은화 · 김영희 편(1995). 유아교사를 위한 동요 및 율동 반주곡집. 서울: 교문사.
이자희(2007). 유아를 위한 반주법의 이론과 실제. 서울: 동문사.
임영순 · 박경선 · 정선우(1999). 새로운 유아음악지도. 서울: 학문사.
임혜정(2006). 유아음악교육. 서울: 태영출판사.
______(2007). 노래하는 꿈나무. 서울: 태영출판사.
______(2007). 유치원교사를 위한 동요반주법. 서울: 태영출판사.
______(2008) 주제별 유아 동요 선곡집. 서울: 파란마음.
장귀오(2005). 예쁜 소리 피아노곡집 중급편. 서울: 학예출판사.
학예출판사 편(1997). 피아노 명곡 앨범. 서울: 학예출판사.
______(2004). 예쁜소리 피아노곡집(초급편). 서울: 학예출판사.
______(2004). 예쁜소리 피아노곡집(중급편). 서울: 학예출판사.
황성숙 · 이혜주(2000). 음악이론과 반주법의 실제. 서울: 학문사.

임 혜 정

강원대학교 사범대학 음악교육과 졸업 (작곡 전공)
서울대학교 대학원 졸업 (교육학 석사, 음악교육 전공)
덕성여자대학교 대학원 졸업 (교육학 박사, 유아교육 전공)
현) 상지영서대학 유아교육과 교수

저서:

- **창작 가곡집** 《산 넘고 물 건너》, 《기도》, 《달 있는 밤》
- **유아를 위한 창작 동요집** 《노래하는 꿈나무(CD 포함)》
- **유아음악교육** 《유치원교사를 위한 반주법》, 《유아의 음악성계발을 위한 기초연습: 리듬연습》, 《유아의 음악성계발을 위한 기초연습: 보고 부르기와 듣고 적기》, 《유아의 음악성계발 프로그램》, 《유아음악교육》, 《주제별 유아 동요 선곡집》, 《리듬악기를 이용한 유아음악활동》, 《유아를 위한 즐거운 음악감상》
- **논문** 〈20세기 음악교육과정의 접근 방법들에 대한 고찰〉, 〈우리나라 유아 동요의 음악적 문제〉, 〈유아음악교육에서의 발달론적 접근에 대한 비판적 고찰〉, 〈유아교육기관에서 선호하는 동요에 관한 조사 및 악곡분석 연구〉 외 다수

유아교사를 위한 동요 반주법

초판 1쇄 인쇄 2012년 2월 3일
초판 3쇄 발행 2022년 8월 26일

지은이_ 임혜정
펴낸이_ 황호철
펴낸곳_ 도서출판 파란마음

주소_ 04315 서울시 용산구 백범로90라길 47 | 전화_ (02) 3275-2110~1 | 팩스_ (02) 3275-2199

등 록_ 2006년 4월 24일 · 제302-2006-00024호

ISBN 978-89-92546-93-5 93370
값 18,000원